创新·长效：
高校辅导员的发展研究

赵巧玲　著

中国商业出版社

图书在版编目（CIP）数据

创新·长效：高校辅导员的发展研究 / 赵巧玲著
. -- 北京：中国商业出版社，2022.11
ISBN 978-7-5208-2289-3

Ⅰ．①创… Ⅱ．①赵… Ⅲ．①高等学校 - 辅导员 - 师资培养 - 研究 Ⅳ．① G645.1

中国版本图书馆 CIP 数据核字 (2022) 第 205224 号

责任编辑：陈　皓
策划编辑：常　松

中国商业出版社出版发行
（www.zgsycb.com 100053 北京广安门内报国寺 1 号）
总编室：010-63180647　编辑室：010-83114579
发行部：010-83120835/8286
新华书店经销
定州启航印刷有限公司印刷

*

710 毫米 ×1000 毫米　16 开　12.5 印张　220 千字
2022 年 11 月第 1 版　2023 年 2 月第 1 次印刷
定价：78.00 元

* * * *

前　言
Preface

高校辅导员队伍在高校思想政治教育工作中发挥着重要作用，其肩负着教育、管理与服务的职责，因此提高高校辅导员综合素养和专业水平，促进高校辅导员的专业化发展尤为重要。辅导员是离大学生最近的教师，要确保辅导员的工作发展成为集教育、管理和服务于一身，成为当代大学生健康成长与全面发展的指导者和引路人，最好的方法就是还原辅导员的教育性，从专业发展的思路来解决问题。

就现阶段来看，我国很多高校辅导员的专业发展还存在很多问题，如专业知识结构较为单一，具备多学科交叉背景的辅导员相对较少，辅导员的专业素养有待进一步提高，辅导员的考核评价机制有待完善，等等。可以说，如果没有教师质量的提升，就很难有学生的完善与发展；如果没有教师的教育创造，就很难有学生的创造精神。因此，高校应当充分调动辅导员的内在动力，促使辅导员不断进行自我学习、自我构建与完善，完善制度的体系设计，建立辅导员长效发展机制，切实推动高校辅导员队伍建设的专业化发展。

本书由高校辅导员工作、高校辅导员教育管理精细化研究、高校辅导员工作考核机制研究、高校辅导员能力提升策略、高校辅导员职业化、高校辅导员发展面临的机遇挑战与对策几部分组成。全书以高校辅导员为核心，对其工作性质、工作角色与方法等作了详细论述，并针对高校辅导员的精细化管理展开了具体分析，在高校辅导员工作机制、专业发展与能力提升等方面给出了详细建议，对教师发展方面的研究者与从业人员具有学习和参考价值。

目　录
Contents

第一章　高校辅导员工作

第一节　高校辅导员工作概述

一、高校辅导员的产生

美国的辅导员制度至今约有 100 年的历史，从美国辅导员协会（ASCA）对辅导员工作的解释来看，辅导员的产生主要是由于对辅导咨询工作的诉求，辅导咨询处于教学的外围工作，随着教学、课程、硬件、管理等高等教育环节越来越完善，一些外围的改革却跟不上，此时需要高校为学生提供相应的心理辅导、学习辅导、职业辅导等外围工作。因此，辅导员便随着高校的发展应运而生。

1908 年，美国心理学家帕森斯在波士顿成立了第一家辅导中心，专门辅导青年认识自己的志向、能力、兴趣，以便寻求合适的工作。这项服务在美国大受欢迎，帕森斯也因此被称为“辅导员之父”。与此同时，美国的心理卫生运动的兴起也促进了辅导的发展。辅导运动在美国各地兴起，学校教育为了适应社会发展的要求也设立了心理辅导的学科，并且开始由学校的任课教师兼任辅导员，对学生进行心理辅导和职业辅导，最初任课教师的兼职辅导仅仅停留在对学生的经验性谈话上。后来，学校心理辅导工作在发达国家和地区迅速发展，欧美各国的高校都建立了完整的辅导体系，辅导工作成为高等教育的重要组成部分，并逐渐获得了与学术教育相对等的地位。各高校设置“学生人事服务处”或者“心理辅导中心”，由受过专业训练的辅导员为学生的个人成长提供测评、咨询服务。随着高等教育的发展和社会的进步，辅导工作的目标逐渐从矫正和治疗有心理问题的学生向促进学生的全面发展转变，辅导的内容也逐渐从纯心理领域向学生的学习、生活和职业生涯发展拓展，辅导的本质也就从心理工作转变为一项学校育人工作了。

我国高校辅导员产生至今已经有近60年的历史。1952年，清华大学校长蒋南翔率先在清华大学建立了政治辅导员制度。随后，“双肩挑”即“两个肩膀挑担子”（蒋南翔语，指同时承担思想政治工作与业务工作）模式的政治辅导员制度在清华大学诞生，清华大学也就此成为我国现行辅导员制度的发祥地。

辅导员的本职工作是组织学生进行政治学习，是为政治工作服务的。同时，辅导员还要进行学生管理，从学生入学、在校生活、学生干部培养到毕业分配，都需要进行管理和领导。随着我国高等教育的发展和高校事务的拓展分化，产生了对辅导员工作职能新的诉求，辅导员的工作属性也开始由单纯的管理工作向教育和管理双重属性扩展。近年来，随着高校的扩招，学生就业压力增大，学生心理问题增多，对学生进行职业生涯辅导及心理辅导逐渐被高校重视起来，各高校开始通过“就业指导中心”“职业发展中心”“心理咨询中心”等组织为学生提供就业辅导和心理咨询，高校辅导员的职能开始向这些方面拓展。于是，我国的辅导员逐渐发展为思想政治育人和管理服务育人的复合角色。

二、高校辅导员队伍的性质

（一）政治性

教学方面，辅导员是思想道德知识的传授者、教学活动的设计者和教材教法的研发者；德育方面，辅导员是社会技巧的培养者、规范价值的澄清者，以及校园安全的维护者；心理辅导方面，辅导员是行为问题的辩论者、挫折困苦的抚慰者与生涯发展的引导者；德育行政方面，辅导员是家校合作的促进者、校务发展的合作者和学校声誉的公关者；德育学术方面，辅导员是思想理论课程的开发者及高校思想政治教育的学术研究的主角。从一定意义上讲，高校辅导员是大学生思想政治教育的主导力量和中坚力量。而思想政治教育是指社会或社会群体用一定的思想观念、政治观点、道德规范，对社会成员施加有目的、有计划、有组织的影响，使他们形成符合一定社会、一定阶级所需要的思想品德的社会实践活动。

政治性是高校辅导员职业中的本质核心特点。

首先，从社会层面而言，高校辅导员承担着培养德、智、体、美、劳全面发展的社会主义合格建设者和接班人的任务。辅导员开展的各类思想政治教育活动起初是作为一种绝对政治性的实践出现的。辅导员通过思想政治教育途径，向广大大学生传播并普及特定阶级的政治观点、政治理论和政治行为，并起着认同和维护的作用。

其次，从辅导员个体层面而言，辅导员对大学生进行思想、政治教育，先要关注的是大学生政治社会化。众所周知，在阶级社会，“人”的社会化已经演变成以政治社会化为核心的社会化进程，即通过学习获得社会既定的政治文化，由“自然人”转变为“政治人”。在辅导员的学生工作管理中，思想政治是风向标、导航仪，它直接关系到大学生树立怎样的世界观、人生观、价值观。辅导员需要持之以恒地开展爱国主义教育、理想信念教育、基本道德规范教育、社会主义核心价值体系教育，要用主流的、健康的、积极向上的核心价值引领大学生成人成才。辅导员工作要讲求政治性，只有用社会主义核心价值观去占领思想阵地并武装大学生的头脑，才能坚决抑制落后、腐败、没落的资产阶级自由化思想的侵蚀，才能在大学生群体中营造一种爱国主义、集体主义、社会主义的良好氛围。辅导员讲政治，还体现在要引导广大大学生始终坚持中国共产党的正确领导，始终根据时代的发展和国情社情民意的变化，与时俱进地高举发展的旗帜，不断促进国家进步、社会和谐和大学生个人和谐健康可持续发展上。在社会主义现代化不断推进的时代背景下，在全党和全国上下齐心协力实现中华民族的伟大复兴的大好时机下，高校辅导员要清醒地认识到思想政治教育的政治性表现为全国人民大众的共同意愿，表现为全国人民的根本利益，要充分认清形势，结合大学生身心发展，在开展大学生工作过程中要始终讲学习、讲政治、讲正气。

（二）科学性

科学研究的区分，就是根据科学对象所具有的特殊矛盾性，因此对于某一现象的领域所特有的某一矛盾的研究，就构成了某一门科学的对象。高校辅导员也是一个专业化、职业化的工作。随着高校扩招，大学生教育由精英化向大众化转变，大学生鲜明的个性特点、国内外形势的变化、社会主义市场经济体制改革的不断深入、互联网信息的普及，都使大学生思想政治工作面临着巨大的挑战。对大学生进行思想政治教育需要全方位、宽领域、多层次的深入调研，因此辅导员要准确把握学生身心发展的特点及基本规律，科学地开展工作。

辅导员工作的科学性，一是体现在思想政治教育学、德育学相关知识上。因为思想政治教育学是辅导员工作的指南和纲领，只有遵循思想政治的基本规律、基本原则、基本内容，才能有效地开展工作。二是体现在心理学相关知识上。大学生在学校里经常会面临各种心理问题，如人际交往问题、情感问题、学习问题、适应问题、就业问题、考试问题等，这就迫切需要辅导员认真研究心理规律，特别是研究大学生心理活动的本质，以及如何通过有效的心理辅导来培养大学生健康的心理和较健全的人格。心理学上的情感认知、情感意志行为等相关内容训练，有助于大学生身心的和谐发展。三是体现在道德伦理学知识上。道为根，德为本，高校辅导员的主要任务之一就是努力培养大学生合乎社会标准和公众认可的基本道德规范，引导他们支持真善美，摒弃假恶丑，引导他们树立社会主义荣辱观，引导他们正确看待并判断社会中极少数的不道德行为，培养他们的诚信意识、责任意识、集体主义意识、爱国主义意识、职业道德意识。四是体现在社会学知识。任何大学生都是自由人和社会人二者相结合，高校辅导员的一个重要职责就是要用社会学的观点教育大学生研究社会现象，掌握社会发展的基本规律，弘扬中华民族优良的文化传统，认清社会各个系统，懂得人际交往，正确看待就业问题、社会腐败问题，要看到社会主义现代化建设所取得的丰硕成果，明确历史总是在曲折中不断前进的。

（三）艺术性

教育家加里宁曾说：“教育是一种最艰巨的事业。优秀的教育家们认为，教育不仅是科学事业，而且是艺术事业。”辅导员开展思想政治教育工作的过程就是在扮演角色、履行职责的过程。在现实中，辅导员承担着教育、管理、服务、辅导学生等诸多事务，容易陷入“两眼一睁，忙到熄灯；两眼一闭，还要警惕”的不良状态中。这就要求辅导员在履行职责过程中有高超的艺术，运用技巧性方法去做学生工作。辅导员艺术性职业特点是指辅导员应注重细节，把握客观，要从多角度、多途径、多层次、有个性地做学生工作。艺术意味着辅导员既要重视学生群体共性，也不能忽略学生个体特性。艺术性要求辅导员从劳力状态中脱离出来，不仅要劳心更要劳神，还要创造性地开展工作。辅导员工作艺术性的基础在于辅导员自身独特的个性魅力。辅导员的个性魅力体现在积极乐观的态度，执着的事业心，辅导员的执行力、沟通能力、领导能力、组织魅力，善于调整自身情绪，懂得用自己的人格力量去影响学生，注重学生基本道德规范教育，注重学生优良品质的塑造。俗话说："感人心者，莫先乎情。"我国教育家夏丏尊曾说："教育不能没有感情，没有爱的教育，就如同池塘里没有水一样，不称其为池塘，没有感情，没有爱，就没有教育。"所以辅导员工作艺术性还体现在关注、关心、关爱大学生，坦诚地与他们交朋友，开诚布公地开展教育工作，用爱去激发大学生奋发向上的决心和信心，用爱去灌溉每位大学生的心灵。辅导员工作的艺术性特别体现在对"三困"（学习困难、心理困难、生活困难）学生的帮扶上，不能用有色眼镜去看待这一群体。"海纳百川，有容乃大"。每位大学生都可能在成长道路上碰到许多困惑，每位大学生在成长过程中都会遇到暂时的困难。辅导员要对他们多帮助、多爱护、多支持，引导他们走出困惑，脱离困境，走向新的人生。高校辅导员工作艺术性还体现在能建设一个团结向上、集体荣誉感强、积极乐观、奋发有力的集体，要善于选拔学生干部，对他们进行必要的培训，要努力建立健全班级规章制度，既用制度约束大学生，也用制度来引导大学生积极向上。

（四）实践性

实践性是辅导员工作的基本要求，实践性思维体现了辅导员工作的特性。思维是一种理性的认识方式，是人的各种思维要素及其结合按一定的方法和程序表现出来的相对稳定的定型化的思维模式，是主体观念的把握客体，即认识、发动、运行、转换内在机制和过程。马克思曾指出，人的思维是否具有客观的真理性，这并不是一个理论的问题，而是一个实践的问题。人应该在实践中证明自己思维的真理性，即自己的现实性和力量，亦即自己思维的此岸性。辅导员工作的实践性体现在通过辅导员的聪明智慧解决为什么开展大学生思想政治教育工作，进行什么样的思想政治教育，怎样有效进行思想政治教育。理论来源于实践，又高于实践，实践是检验真理的唯一标准。辅导员在开展各项工作之前，头脑里已经有了较为清晰的职责、目的及要求。劳动过程、结束时所得到的结果，这个过程开始时就已经在劳动者表象中存在着，即已经客观地存在着。辅导员对大学生进行各种教育、管理、服务、辅导的中心任务就是教会学生学会生存、学会学习、学会生活、学会发展。大学生既是思想政治教育的主体，也是思想政治教育的客体。思想政治教育是解决大学生在社会各个实践环节，即生存实践、交往实践、发展实践等实践活动中产生的思想与行动之间的各种矛盾的手段。由此可见，辅导员工作从本质上讲是做人的工作，是人和人之间进行思想交流的社会实践，其实践本质和知识构成了各种实践需要。永恒的实践是辅导员工作的生命力所在，实践性思维是辅导员的想象力之源，实践性也是辅导员队伍专业化和职业化的必然要求。

三、高校辅导员工作关系

辅导员工作关系就是指辅导员在从事学生事务活动过程中所形成的各种关系，具体来说，有如下六类。

第一类是教育者与教育对象的关系，即辅导员与学生之间的工作关系。高校辅导员是开展大学生思想政治教育的骨干力量，是高校学生日常思想教育和管理工作的组织者、实施者和指导者，是直接引导大学生成长成才的重要引路人、导航者。高校辅导员与学生的关系是高校师生关系中亲密的一种，辅导员与学生接触最多、交流最多、工作最直接，对学生的成长起着举足轻重的影响。这种状态的呈现是由其存在的关系规范决定的，两者关系规范大致可分为五部分：在学生管理中形成公正的权利关系规范；在学生服务中形成诚信的服务关系规范；在对学生的教育责任中形成尽责的教育关系规范；在与学生日常交往中形成平等的交往关系规范；在与学生情感交流中形成仁爱的情感关系规范。

第二类是教育者内部的关系，即辅导员之间、辅导员与班主任之间、辅导员与任课教师之间、辅导员与上级领导之间、辅导员与其他职能部门同事之间的工作关系。高校育人工作是一项系统工程，高校广大教职工都负有育人的重要责任。把育人贯穿教学、实践、管理、服务等各个方面的全过程，需要高校党政干部和共青团干部、教师、辅导员和班主任、行政管理人员、后勤服务人员等共同成为实施主体。因此，为了凸显育人工作的实效性，高校辅导员要发挥积极能动性，在互助和尊重的关系规范下处理好教育者内部的关系。

第三类是教育者与教育对象家庭成员的工作关系，即辅导员与学生家长的工作关系。辅导员和家长是对学生教育能否成功的重要因素，二者之间的关系犹如一辆汽车的发动机和变速箱，他们相互作用、相互配合、缺一不可。因此，辅导员与家长要加强沟通、增强合作，努力营造一个健康、和谐、有序的协同合作关系，营造辅导员用心、家长关心、学生受益的教育氛围，共同促进学生的进步与成长。

第四类是辅导员与党和国家的工作关系。党和国家把加强和改进大学思想政治教育作为一项重大而紧迫的战略任务，将辅导员定位为思想政治教育的骨干力量。随着国家不断落实各项关于辅导员的政策措施，广大辅导员将获得更多的政策环境和发展空间。辅导员也要以德立身、以德立学、以德施教，当好青年学生健康成长的指导者和引路人，着力培养德、智、体、美、劳全面发展的社会主义建设者和接班人，为实现“两个一百年”的奋斗目标和中华民族伟大复兴的中国梦作出更大的贡献。

第五类是辅导员与人民的工作关系。“人民”是一个集体名词，在社会主义国家，人民主要是指以劳动群众为主体的社会基本成员。现阶段，我国人民是指全体社会主义劳动者、社会主义事业的建设者、拥护社会主义和祖国统一的爱国者。人民是社会真正的主人，人民群众是社会实践的主体，是历史的创造者，这主要表现为人民群众是社会物质财富的创造者，是社会精神财富的创造者，是社会变革的决定力量。辅导员来自人民，也必须忠于人民。人民把教育事业如此重任托付给辅导员，这就需要每一位辅导员一丝不苟、毫不马虎地对待教育事业，尽心尽职、不断学习、堪当大任，为社会、为人民输出高质量的人才队伍做出不懈的努力。

第六类是辅导员与工作单位之间的工作关系。工作单位是指机关、团体、事业单位、企业等非自然人的实体或其下属部门。辅导员是一种工作，每一位辅导员必然属于某个特定的工作单位，也就是高等学校。而在高等学校内，辅导员实行学校和院（系）双重管理。学生工作部门牵头负责辅导员的培养、培训和考核等工作，同时要与院（系）党委（党总支）共同做好辅导员日常管理工作。院（系）党委（党总支）负责对辅导员进行直接领导和管理。辅导员与高校关系的本质表现为人事管理的从属关系、劳动交换的经济关系和精神共同体关系这三个主要方面。辅导员要依托高校实现个人价值与社会价值，而高校要通过辅导员实现办学目的。因此，辅导员要忠于学校，在工作岗位奉献自己的青春，为建设“双一流”的高校而努力。高校也应该感谢辅导员的付出，善待辅导员。

第二节　高校辅导员工作角色分析

一、高校辅导员角色

（一）高校辅导员角色的定义

每个人在纷繁复杂的社会生活中都扮演着属于自己的那个角色。个体正是通过不同人的不同角色，以及不同角色之间这样或那样的联系，从而在社会生活中结成各种各样的社会关系。任何一种社会角色的扮演都取决于一定社会的需要，并随着社会的变化发展而不断充实新的扮演因素。高校辅导员角色的产生和确立，是与人民政权建设及高等教育事业的迅猛发展密切相关的，并显现同步发展的趋势。

通过前面对角色和高校辅导员的含义进行分别阐释，综合分析结果，我们能够得出以下结论：高校辅导员角色就是指高校一线专职辅导员在大学生日常思想政治教育、事务管理和各类专业辅导等工作过程中所表现出来的符合社会期待的行为模式。高校辅导员角色既代表高校辅导员个体在社会群体中的地位与身份，也包含着社会和他人对高校辅导员期待；既包括社会公众、学校管理者和学生对辅导员角色的社会期待，也包括辅导员对自身“应然”行为的角色认知，以及在这种期待和认知下的一整套权利、义务、规范的行为模式。由于高校辅导员包括从事辅导员工作的个体和群体，因此高校辅导员角色也理所当然地包括个体角色和群体角色，而本节指向的主要是高校辅导员的个体角色。为了更好地理解高校辅导员角色，从以下几个方面分别阐释。

第一，从社会结构中认识高校辅导员角色。社会结构是指诸社会要素的组合方式。社会结构的具体形式很多，大体上可分为两类。一类是社会整体结构，是指社会整体上构成的社会结构。按照历史唯物主义的观点，社会是由生产力、生产关系（经济基础）、上层建筑这种“自下而上”的三个层次构成的社会结构。另一类是社会具体结构，社会、行业、产业、家庭、机关、企业等都是社会具体结构的构成部分。从社会具体结构中去认识高校辅导员角色，其基本方法就是将高校辅导员角色置于现代社会结构之中，看一看高校辅导员角色在现代社会结构中有没有位置，处于何种位置。显然，“有没有位置”是第一位的问题，是高校辅导员角色的基础；“处于何种位置”是“有没有位置”确定以后进一步要确认的位置坐标。

第二，从权利、义务方面认识高校辅导员角色。任何社会角色都有一整套权利和义务。角色权利是指行使角色身份所完成任务的相应权力、利益及其他条件。高校辅导员的角色权利，主要指在职责范围内行使教育的自主权、支配权，获得辅导员工作必需的经费、信息、设施等工作条件，获得个人生存、发展（如教育）等物质和精神报酬的权益。角色义务是指角色所应承担的责任和其他社会义务。高校辅导员角色义务是高校辅导员所应承担的社会使命与工作职责，主要包括社会责任、政治责任、道德责任及为人师表、率先垂范的责任等。高校辅导员角色的权利、义务应由法律加以确定，并在政策及有关章程中做出具体规范，以增强其权威性，做到制度化、规范化。

第三，从社会期望方面认识高校辅导员角色。所谓社会期望，就是指人们对角色履行特有的责任和公共的社会义务的期待，期待、希望行为角色做什么，做得怎么样。例如，人们期待领导者在知识、才能、政绩等方面明显高于一般人员，“像个领导”；而在功利、待人、服务等方面不谋私利、热情待人、关心职员，“不像领导”。人们对高校辅导员角色也有社会期待，而且期待很高。比如，期待他们在开展大学生思想政治教育和管理工作中具有全面的知识储备、扎实的理论功底、严于律己的高尚品德，解决学生成长成才中各种困难的能力等。而在现实生活中，社会各方面群体对高校辅导员的角色期待往往不切实际地偏高，甚至高出了辅导员角色应当承担的职责和义务，导致他们不能恰如其分地评价高校辅导员的角色实绩。因此，把社会期望确定在一个适当的程度和范围内，高校辅导员正确理解其承担的角色和回应社会的期待，也是思想政治教育工作者角色成功扮演的重要方面。

（二）高校辅导员角色辨析

1.高校辅导员角色与高校专业教师角色

通常意义上讲，高校辅导员属于德育教师角色，而高校专业教师主要承担智育教师的角色。就二者的区别而言，高校辅导员角色的工作重点在于通过对学生的日常管理和教育，不断提升大学生的思想道德素质；专业教师的工作重点则更多地关注对大学生知识的传授和技能的培养，不断夯实学生的专业基础知识，训练学生的思想能力，主要提升学生智力方面的水平和能力。从工作范围来看，高校辅导员角色的工作范围既有深度也有广度，涉及大学生思想、学习、生活的方方面面，高校辅导员角色正是通过全方位、立体式、多角度的管理与服务把大学生德育工作融于各方面的工作中；专业教师的工作范围相对狭小，主要集中于专业知识的讲授，思维能力和水平的培养与训练。但同时我们不能否认二者工作有交叉之处，即高校辅导员在日常工作中有传授知识的职能，高校专业教师也有做好德育工作的职能，只不过各有侧重而已。

在高等教育中，德育和智育都是不可或缺的两大元素，二者是大学生的健康成长与成才的关键。从这个角度来看，辅导员角色和专业教师角色在目标实现上是一致的，都是为了促进大学生的健康成长，把大学生培养成为国家的建设者和社会主义事业的接班人。因此，辅导员角色与专业教师角色之间需要彼此协助、相互合作。从辅导员角色来讲，通过培养学生良好的学习和生活习惯，提升学生自觉学习、自我教育的能力，进而为专业教师授课创造良好的环境；从专业教师的角度来讲，通过课内外的知识和技能的传授和训练，不断提升大学生的思维能力和实践水平，促进学生的自我认知能力的提升，减轻辅导员在学生事务中的压力和负担。同时，通过二者的相互沟通与合作，有针对性地开展教学和管理工作。

2.高校辅导员角色与高校思想政治理论课教师角色

作为一种特定角色，思想政治理论课教师在高等教育中承担着思想政治教育及公共政治课程的教学任务。高校辅导员与思想政治理论课教师都属于思想政治教育工作者，在日常工作中存在诸多共同点。从工作目的来看，无论是高校辅导员还是思想政治理论课教师，其目的都是提升大学生的思想道德素质；从工作内容来看，二者都是以培养大学生树立正确的世界观、人生观和价值观为作立足点，引导学生确立正确的理想信念；从工作指导思想来看，二者的工作中都坚持以马克思主义为指导，深入贯彻党的各项方针、路线和政策。

高校辅导员角色与思想政治理论课教师角色之间也存在着一些不同的地方。首先，从实现方式上来看，思想政治理论课教师的思想政治教育工作主要通过课堂理论授课和课外实践教学的形式展开，而辅导员是结合大学生日常生活、学习、事务管理等方面的实际开展思想政治教育工作的。相比较而言，辅导员与学生的日常接触会更多些，往往将思想政治教育贯穿日常生活的点滴事务处理之中，发挥管理和服务的育人功能，与学生的接触和交流较多，对学生的了解也比较透彻；而思想政治理论课教师与学生接触的场所主要是课堂，通过知识灌输、传递等方式对学生进行思想政治教育，彼此之间的互动性较差，即使是实践教学活动，与学生的接触也不是经常性的。

3. 高校辅导员角色与高校行政管理者角色

与高校辅导员角色发生直接联系较多的是校、院（系）层面的行政管理人员。高校大学生思想政治教育的中坚力量不仅仅是高校辅导员，高校行政管理人员也肩负着大学生思想政治教育工作的主要职责。二者工作性质极其相似，都对大学生思想政治教育进行有效的管理、组织和实施；二者的工作目标基本一致，都是通过思想政治教育推动和促进大学生的德、智、体、美、劳等全面发展，不断提升大学生的综合素质，并且在工作中都要坚持以学生为本、尊重思想政治教育的规律和原则，着力提升大学生思想政治教育的时代性和创新性，增强大学生思想政治教育的感召力和吸引力。

就角色定位而言，高校行政管理者与高校辅导员也有区别，前者主要组织和协调大学生思想政治教育的整体工作，后者则是按照上级的管理要求有计划、有步骤地开展具体的思想政治教育活动，二者之间是领导者与被领导者的角色关系（高校辅导员虽然在身份上也属于管理干部，但是他的角色决定了他大部分时间是一个被领导者）。从实现方式来看，高校行政管理者角色主要定位于领导者层面，即主要负责决策事务和领导事务，通过对辅导员工作的领导、指导、监督与检查为大学生思想政治教育工作健康有序地展开创造政策条件和环境条件；高校辅导员角色则主要定位于政策实施者的层面，在高校行政管理者制定的工作目标、工作原则指导下，运用大学生喜爱的新方法、新技术、新载体对其进行思想政治教育工作。

高校辅导员角色是高校行政管理干部与学生的桥梁与纽带，高校行政管理干部开展思想政治教育工作的对象是学生，但往往不会和学生直接接触，进行沟通交流的机会不多，而与大学生直接接触的就是高校辅导员。高校行政管理者所制定的工作目标、教育计划及管理等相关内容等都要通过高校辅导员这个中介传达给大学生，而大学生出现的问题及反映的建议也会通过高校辅导员传达给行政管理干部。显而易见，高校辅导员成为一个重要的桥梁，发挥着上传下达的作用。

二、新时代高校辅导员角色期望的特点

（一）发展性

高校辅导员的角色期望并非一成不变，而是随着时代发展在不断丰富和完善。高校教育的目标在于培养社会发展、知识积累、文化传承、国家存续、制度运行所要求的人，培养德、智、体、美、劳全面发展的社会主义合格建设者和可靠接班人。高校辅导员的角色期望有其“政治引路人”的固有内涵，但也会随着时代的变化和高等学校学生的实际需求的变化而有所扩展，当学校扩招，学生出现就业、心理健康、学业和家庭经济困难等问题时，高校辅导员的角色期望就并非单一地引导学生坚定正确的政治方向，而发展为帮助学生树立正确的世界观、人生观、价值观，以及维护校园安全稳定、帮助学生解决学业、就业择业、心理健康、经济困难等具体问题。而当代青年是与新时代共同前进的一代，要实现中华民族伟大复兴的中国梦，需要青年人，尤其是接受高等教育的大学生将自己的前途命运与国家的前途命运紧密联系，在实现个人发展的同时，为中华民族的伟大复兴做出自己的贡献。当前，“00后”成为高校大学生的主体，这些成长于互联网时代的青年人难以甄别纷繁复杂、良莠不齐的网络信息，更难以辨析别有用心的人的有意煽动，他们更容易受到当下多元文化的负面影响，因此帮助他们坚定正确的理想信念尤为重要。在这样的时代背景下，高校辅导员的角色期望便进一步发展成由思想理论教育和价值引领者、党团和班级建设者、学风建设者等九个角色组成的角色集，角色期望的内涵进一步丰富。

（二）多样性

新时代高校辅导员角色期望与以往相比，存在更为显著的多样性。这就要求他们既要帮助学生牢固树立正确的世界观、人生观和价值观，解决青年人思想总开关的问题，又要指导学生处理好在学习和生活中的思想认识、价值取向、择业交友等方面的具体问题；既要引导学生树立正确的学习目标，培养良好的学习兴趣，为他们终身学习打下坚实的基础，又要妥善处理大学生在大学生活中的各种管理和服务工作。辅导员的角色集中，既涉及比较专业的心理健康教育领域、思想政治教育领域、理论与实践研究领域，也涉及比较事务性的日常管理工作，还涉及顺应当下时代发展潮流的创新创业指导和网络思想政治教育等内容，因此，辅导员的角色期望呈现出多样性。在新

时代，高校辅导员的角色集中，面对较为专业的角色，辅导员要有较为系统的专业知识；面对较为事务性的角色，辅导员要付出较多的时间和精力；面对顺应时代发展而新生的角色，辅导员要不断地学习新的理论、政策、实例。因此，多样性的角色期望更加容易导致辅导员角色扮演不足，出现角色距离的困境。

（三）冲突性

高校辅导员的角色期望中既有指导学生坚定“四个自信”，树立正确世界观、人生观、价值观的“人生导师”的部分，也有经常性开展谈心谈话，帮助学生健康成长的“知心朋友”的部分；既有开展相关管理和服务工作、为学生提供生活指导的“事务性管理工作者”的部分，也有在工作中开展学术研究的“理论研究者”的部分。心理学家乔纳森·特纳认为，在社会中，个体倾向于将不同社会背景下的行为进行组合或者尽可能减少为统一角色，个体都倾向于扮演相互一致的角色。也就是说，个体更加倾向扮演角色期望一致的角色，而在新时代高校辅导员的角色期望中，既期望他们成为学生无话不谈的朋友，也期望让他们成为学生人生路上的引路人；既期望他们成为处理学生各种琐碎的、日常的事务工作管理人员，也期望他们成为涉及学生思想政治教育、心理健康教育及各类学生事务教育工作的研究者。但从某种意义上来说，教师和朋友、事务工作者和理论研究者这两对角色期望本身就存在着矛盾，也就是说，新时代高校辅导员的角色期望存在一定程度的内在冲突性，这种角色期望的内在冲突，在辅导员进行角色领悟和角色实践的过程中，势必引起辅导员在认知自我角色、扮演自我角色时的冲突。

三、目前高校辅导员角色定位中存在的问题与影响

（一）存在的问题

1.辅导员的角色不清

所谓角色不清，是指社会大众或角色的扮演者对某一角色的行为标准不清楚，不知道这一角色应该做什么、不应该做什么和怎样去做。

教育部《普通高等学校辅导员队伍建设规定》中规定，辅导员是高校教师队伍和管理队伍的重要组成部分，具有教师和干部的双重身份。但辅导

员要同时实现教师和干部双重身份的兼顾是有难度的。辅导员担负着学生思想道德等方面的教育职责，工作在学生思想政治教育第一线，是高校学生德育教育的组成部分。在个别访谈中，几位辅导员纷纷表示，他们在实际工作中担任的相关课程非常少，大多是在本该负责这门课程的教师因事缺席，才轮到辅导员暂时代理，而问题是，人们普遍认同只有担任了课程教学任务的人员才被称为教师，所以辅导员经常被摆在教师队伍之外。辅导员教师的身份很容易被忽视，取而代之的是辅导员管理职能的强化和日常事务处理的增加，因此很容易让人觉得辅导员只是管理学生和处理日常琐碎事务的行政人员。辅导员管理学生的各项事务，如主抓课程安排、上课出勤、寝室卫生和组织各种活动等，辅导员与学生之间的关系被理解为管理与被管理，忽视了教师与学生的关系。正是由于辅导员职责覆盖范围含糊，日常学生事务琐碎，工作重点难以突出，而且处于受多个部门管理和监督的学校管理机构最底层，使辅导员很难获得专职教师一样的素养和尊重，其教师身份时常被忽视成为不争的事实。辅导员岗位更容易被认为是不具有专业性，而是具有很强的替代性的职位。

由于辅导员日常事务繁重和这种角色定位的不清晰，使得辅导员本职工作不能很好地发挥和展现，陷入了两种困境。一方面，学生日常事务和管理工作繁重，都不分职责地落到了他们身上，不得不处理；另一方面，处理这些事务要花费大量时间和精力，有悖于对学生进行思想政治的教育引导、心理上的辅导、职业生涯规划和就业等方面的指导，尽管做了很多工作，但是在心理上与学生处于一种游离状态，很难真正走进学生心里，与其成为知心朋友，导致辅导员实际工作量与工作效果的不平衡，工作效率低下。这种在学校中的角色定位不清，还容易导致辅导员对未来职业发展不明确，职业发展信心和动力不足，造成很多辅导员在心理上缺少归属感和成就感，不利于高校学生事务工作的顺利开展。

2.辅导员的角色冲突

角色冲突是指在社会角色的扮演中，在角色之间或是角色内部发生了矛盾、对立和抵触，妨碍了角色扮演的顺利进行。

根据社会心理学角色冲突理论的分析，角色冲突分为角色间冲突和角色内冲突两种。角色间冲突是指个体必须同时扮演过多的不同角色，由于缺乏充分的精力和时间，无法满足这些角色的预期，即角色期望，而引起的冲

突。角色内冲突指的是多种社会地位和社会角色集于一身，而在他自身内部产生的冲突，分为三种不同情况：多种社会角色提出多种角色要求，使其难以胜任；承担几种角色身份，其行为规范互不相容；在角色者的内部，也会产生角色内冲突。

（1）角色间冲突。

就目前辅导员的工作要求和职责而言，辅导员扮演着学生思想政治教育的引导者、生活学习的服务者和管理者、心理健康的疏导者、职业生涯规划和就业的指导者，以及校园和谐的助推者等角色，其实这些角色还不能涵盖辅导员实际工作的全部内容，其所扮演的角色多样性可见一斑。例如，对学生进行理论教育，辅导员要扮演教师角色，要求辅导员具备较高的理论素质和教学基本功；对学生日常生活和活动的管理，扮演管理者角色，要求辅导员具备较强的组织协调能力和管理能力；对学生进行心理健康疏导，扮演心理咨询师角色，要求辅导员具有心理学知识和心理辅导技巧；对学生进行职业规划和就业指导，辅导员就成了就业市场的开拓者，要能够分析市场和就业形势；而扮演校园和谐建设者角色，要求辅导员具备良好的危机干预能力和灵活性。作为思想政治教育者和心理健康疏导者，辅导员必须和学生打成一片，成为他们的知心朋友，获得学生的亲近和信赖，而作为学校学院相关规定条例的传达者和强制性制度的管理者，辅导员又必须具备相应的威严，这难免会引起一些学生的抵触和反感情绪。以上这些职责都是辅导员要亲力亲为的，而且是必须做好的工作。就辅导员个人而言，集多种角色于一身，多种职责要尽职，这难免使辅导员感到应接不暇，苦于应对，容易产生角色间冲突。

（2）角色内冲突。

角色内冲突主要是由于各类人群对辅导员这一角色有不同的角色期望，或辅导员个体受角色本身局限而对角色期望模糊不清等引起的角色冲突。辅导员扮演着多重角色，也背负着不同人群的角色期望，是社会、学校、家庭之间的纽带，也是学校、教师、学生和家长之间的桥梁，面对着来自不同方面的期望。就国家而言，希望辅导员成为思想政治教育引导者，提高学生思想觉悟；对学校而言，希望辅导员成为学生的良师益友，成为学校相关政策的良好传达者和执行者；对学生家长而言，希望辅导员关心和负责离家学生的生活和学习；对学生而言，希望辅导员不是管理者，而是知心朋友，能够给他们提供及时的帮助和指点。可以看出，辅导员在高校工作中处于节点位置，一旦出现两方或以上利益冲突时，辅导员就会进退维谷，既要及时完成学校下达的要求，又要考虑学生的情绪和意见，在这个节点上要寻求平衡，如处理不当，就很可能使自身威信和学生的亲近感下降。辅导员作为高校教师的重要组成部分，渴望受到社会的良好评价和认可，渴望受到任课教师同样的待遇和尊重。对个人发展空间和职业长远规划、科研和培训也有要求，而这些要求往往事与愿违，容易引起角色冲突。

此外，辅导员自身性格和价值取向等自身局限可能会引起角色冲突。处理大量的学生工作和负责上下级信息的传达，这要求辅导员不仅具有良好的交际能力和开朗的性格，而且更要具备较强的心理承受能力。面对日益变化的各种观念，辅导员如果不能及时转变观念加以应对，不能对新旧观念进行调适，就很可能会在工作中陷入角色冲突。

（二）产生的影响

1.职业认同程度低，队伍不稳定

目前，部分高校领导、师生及辅导员自身对辅导员职业认同程度不高。不少高校并未将辅导员队伍建设纳入学校师资队伍建设，对辅导员队伍重使用、轻培养。在一些高校教师和学生眼中，辅导员队伍太年轻，流动性又太快，不承担教学和科研任务，只是辅助专职教师授课和管理学生维护校园秩序的人员，就连辅导员自身职业认同感也不是很高。

辅导员职业认同程度低，影响辅导员的工作热情和工作效率，而人员流动过于频繁，不利于辅导员工作的连续性和工作经验的积累，更不利于辅导员队伍建设专业化方向的发展。

2.角色模糊、职责不明，影响工作顺利开展

社会心理学的分析表明，导致角色模糊的原因包括角色期望太复杂、角色改变速度太快、主角色与互补角色间沟通不良等。高校辅导员面对不同的角色期望过于复杂，同时要在工作中处理不同角色间的实时转换，这很容易导致辅导员对某一岗位应该扮演的角色出现判断困难或失误，感到无所适从。在理论上，辅导员的职责应该是主要负责学生在思想、学习、生活和就业等方面的指导、服务与管理。但从辅导员实际担任的工作来看，许多非本职的工作都落在了他们的身上。因为辅导员往往隶属某个院系，当院系出现工作任务量大、人手不足时，辅导员就被拉来

承担教务工作或是教学工作。调查显示，辅导员除了从事日常学生事务教育管理外，还较多地从事院系日常行政工作（69.8%）、专业课教学（19.7%）、教务工作（10.5%），有的辅导员甚至以院系日常工作和行政工作为主，这充分说明了部分高校辅导员工作职责不明、过多地承担院系工作的现状，占用了辅导员大部分时间，影响辅导员从事其本职工作，缺少时间和精力对学生进行思想政治教育和心理、生活等方面的疏导与关怀。

3. 辅导员自信心和工作积极性受到影响

辅导员的职责中不乏一些专业要求很强的工作，如思想政治教育理论和方法、心理健康知识和技巧、就业指导的理论和原则等，而辅导员尤其是新上岗缺乏经验的辅导员在工作中不可能是面面俱到的，任何一方面知识和能力的欠缺都可能会影响到工作的顺利进行。在遇到这样的情况时，辅导员可能会自信心受挫，情绪低落，工作的积极性也会降低。

另外，辅导员工作任务重、要求高、压力大，但在待遇和晋升空间上没有受到相应的回报。辅导员在工作上，既要负责学生思想政治教育等工作，也要从事日常学生和院系的事务性工作，时间被大量占用，也缺少进行科研的机会。这样就造成辅导员与从事专业教学或科研的教师相比，在职称评定上处于相对的弱势。然而，高校职称与个人工资、补助、津贴及各种福利都息息相关，与任课教师相比，辅导员没有课时费，缺少培训机会，缺少职称等，从客观上降低了辅导员的待遇和晋升空间。这种待遇上的反差，极大地影响了辅导员的工作积极性，挫伤辅导员的进取心。

四、新时代高校辅导员角色建构的对策

（一）加强高校辅导员角色精神的培育

高校辅导员这个特殊角色的优化及充分实现需要辅导员职业化理念的润泽，以其为文化营养，去优化高校辅导员各项实际工作，有效完善自我，有效提升各方面素质和能力，以职业化的标准、职业化的精神、职业化的需要进行自我塑造，有助于高校辅导员的角色实现。

1. 高校辅导员角色引领精神培育

高校辅导员角色理性定位需要外部环境的支撑，更重要的是辅导员群体

及个体对自我职业角色的把握、理解和调适。而这种调适，首先要求辅导员能够在思维和理念上有所突破和创新，改变原有的思维模式和工作理念，拒绝“不分早晚的孺子牛”，拒绝“事无巨细，亲力亲为，面面俱到”的“保姆型辅导员”。高校辅导员与大学生的关系更多地应该归于服务而不是单纯的管理，而现代高校教育背景下的辅导员服务更多的时候是归属“思想引导”这个系统工作的。高校辅导员只有在日常工作中树立“归属意识”，才能有效转变辅导员的角色思维，更好地发挥思想引领者的角色作用，坚持做到在日常工作中、在学生活动中、在评奖评优等诸多契机下做好大学生的思想引领。

高校辅导员只有培育引领精神，才能更好地在学生思想政治教育工作范围内找准工作的重点和突破点，才能在与学生的思想沟通中有效凸显高校辅导员角色特有的魅力和作用，才能在化解学生思想矛盾、疏导学生心理困惑、引导学生价值取向等方面发挥优势和影响。高校辅导员只有充分发挥引领精神，才能够在理性的自我定位中、在合理的工作范围内获得更加充实的获得感和价值感，为自我角色实现打下坚实的基础。

2.高校辅导员角色敬业精神培育

辅导员是大学生在大学校园成长的引路人和精神导师，也就必然肩负着高校德育工作与大学生思想引导的重要责任和使命。然而，许多较为优秀的人才将辅导员工作当作转换岗位的途径，也存在着对工作没有激情与热情、责任心不强等诸多问题，使提升专业能力和服务品质对学生进行长期细致的思想政治教育成为空想。高校辅导员个体应充分认可自我职业岗位，摒弃部分辅导员个体所理解的“我的工作是个过渡，有朝一日就离开这个岗位”的观念，本着对大学生负责及辅导员角色自身负责的态度，努力实现辅导员角色从过渡型到职业化的转变，而这种转变就迫切需要辅导员个体积极树立以辅导员职业理想和敬业精神为核心的职业精神。

职业理想是指人们对学习和工作种类的选择及在工作上达到何种程度的一种追求与向往。辅导员职业理想对辅导员的职业生活至关重要，具有对工作的支配作用和导向作用，是辅导员从事大学生思想政治教育工作的力量源泉。辅导员的职业理想包含崇高的理想抱负、高尚的道德人格、无私的奉献精神、优质的生活方式等方面。其职业理想依赖于高校对辅导员职业理想的教育、职业声望的提升、职业自豪感的树立等途径。敬业精神是人们基于对职业的价值、意义、使命的高度认知的基础上，对职业的一种热爱、一种执着、一种敬畏，并全身投入的精神境界。高校辅导员的敬业精神在职业实践中主要表现为对辅导员这一职业的敬畏，能把职业当事业；对学生工作的浓厚兴趣和无限热爱；对做好本职工作、认真学习、精益求精的态度；等等。现实中，辅导员本身职业理想不明确、职业信念不坚定、敬业精神不强是高校辅导员队伍不稳定的内在原因之一。因此，要切实促进辅导员角色的发展转变，高校辅导员必须明确树立以职业精神滋润自身，以职业化标准去约束和提升自我，在实践工作中能够自我要求、自我约束、自我激励，做好大学生的人生导师和大学生思想政治教育工作的实践者与研究者。

3. 高校辅导员角色创新精神培育

高校辅导员的角色实现呼唤其内在的自觉意识，传统的事务性角色实践更多的是就业指导、心理辅导等经验型角色实现，而现代高校辅导员发展呼唤其能够建立起以辅导员发展为出发点的专家型角色。专家型辅导员需要专家型创新思维的支撑，缺乏创新精神的高校辅导员，就不可能在新时期将学生思想政治教育工作做好，就不可能开拓性地开展工作 。这就要求高校辅导员能够以辅导员角色要求严于律己，提升理论研究水平，突破传统的事务性工作延续和简单的经验积累，充分发挥现代媒体手段、树立现代科研意识、利用现代社会的各项载体优势，有效提升角色创新意识，促进辅导员角色能够逐渐专业化、创新化、职业化，不断推动我国高校辅导员角色的发展转化。

高校辅导员角色创新精神培养需要从以下几个方面做起：一是更新辅导员价值观念，完善工作方式，建立符合时代特色的价值取向。二是挖掘学生工作积极因素，探索新型的教育机制，如避免将学生进行简单机械分类，而是要灵活设计多层次学生成长教育方式。三是找准学生工作的兴奋点，以多种方式激发学生兴趣，创新工作方法，满足各层面学生需求。四是创新学生工作载体。随着信息网络技术的迅猛发展，在传统有效工作载体之外，电子新媒体成为新时期学生工作的重要载体。高校辅导员应该充分掌握和发挥新媒体的技术优势和传播优势，以 QQ、微博、微信等为载体，提高工作效率。同时，高校辅导员应该充分发挥主观能动性，建立属于自己的工作网络空间，以便更好地优化交流载体，提升育人氛围。

4.高校辅导员角色优化精神培育

高校辅导员的角色培育很大程度上是行业内的优化和完善。这就要求各高校的辅导员个体及群体能够及时进行纵向和横向的比较，发现自我问题和不足，能够取长补短，不断提升。在这方面，高校辅导员需要积极吸收和借鉴典型性经验。一是以高校辅导员职业技能大赛为依托，有效提升高校辅导员的职业优化精神。在这方面，我们需要在校内外、各省及全国范围做好资源共享，高效提升职业技能。二是以高校处级辅导员职级晋升为依托，做好个体及群体的职业化精神的孕育，提升辅导员工作的连续性和专家化趋势。三是以辅导员国内岗位交流和访问学者计划为依托，充分发挥教育部关于高校辅导员校际交流的载体优势，做好高校辅导员专业化经验的分享和切磋，提升高校辅导员的职业技能和职业视野。四是以全国各高校辅导员培训和研修基地建设为依托，充分做好辅导员的理论研修和技能培训，同时和教育部思政司有效对接，形成全国高校辅导员一盘棋，思想和政策无缝对接的理想状况。在此基础上，高校辅导员要不断优化职业素质结构，提升职业优化意识，增加高校辅导员自我角色实现能力。

（二）加强对高校辅导员的社会认同

获得他人的认同并由此产生强烈的成就感是社会个体能够选择并长期坚守这一职业的重要因素之一。当前，高校辅导员面临着工作量大、工作内容复杂但工作价值得不到认可的问题，由此极大地弱化了其工作积极性与主动性，尤其是造成高校辅导员长期工作意愿低、频繁离职现象比较严重。为此，高校和教育主管部门应加强对高校辅导员的社会认同。

1.高校内部应增强辅导员对工作的成就感

各高校应进一步深化对高校辅导员工作量大、工作内容复杂现状的认识，在提高其物质待遇水平的同时，为其设置更具前景、更加便捷的行政发展路径及各种各样的精神奖励措施。这能够增强学校领导、教师、学生及辅导员自身对高校辅导员这一职业价值的认同感，由此使其在获得公平的物质回报的同时，也能够通过所从事的工作产生强烈的成就感，对未来发展前途充满信心。

2.教育主管部门应提高对辅导员工作的尊重

我国教育主管部门应在市级、省级甚至是全国范围加强对高校优秀辅导员的培训、选拔、奖励与宣传活动，借此改变社会大众对高校辅导员工作内容简单、专业水平低、重要性不高、行政级别低的看法，使其深刻地认识到高校辅导员在学生学习与成长过程中的重要价值，从而提高对高校辅导员工作的认同感和尊重。这在提高高校辅导员对自身职业角色成就感，激发其工作积极性与主动性及长期工作意愿的同时，也能够吸引更多的优秀人才投身于高校辅导员队伍，从而推动高校辅导员队伍的壮大与发展。

（三）强化权威，促进辅导员威信的形成

辅导员威信是辅导员具有的一种使学生感到尊敬和信服的精神感召力量，是辅导员的人格、能力、学识及教育艺术在学生心理上引起的信服而又崇拜的态度，是辅导员在学生心目中的威望和信誉。辅导员的威信一旦形成，就会对大学生思想政治教育及成效产生巨大的积极作用。因此，辅导员的威信是不可或缺的，我们可以通过强化辅导员权威，促进辅导员威信的形成。

辅导员的人格权威是指辅导员的道德修养、政治素养、性情、形象等特征所带来的权威，也可以理解为辅导员由于人格魅力得到学生的欢迎、容纳的程度。强化人格权威是威信重塑的最根本的决定性因素。强化人格权威要做到以下几个方面。

第一，要具有高尚的道德修养。辅导员应具有奉献精神，乐于在学生工作岗位上默默奉献；具有强烈的事业心，踏实肯干，努力创造一流的工作水平；具有良好的职业道德，热爱和关心学生；以集体利益为重，识大体、顾大局；虚心听取不同意见，善于团结与合作，真正做到言传身教、春风化雨、润物无声。

第二，要具有坚定的政治素养。辅导员应具有坚定的理想和信念，具有正确的政治观点，具有较强的政治辨别力和敏感性，善于明辨是非，坚持原则，具备应对政治突发事件的必要能力和主动创新能力。

第三，要具备良好的性情。辅导员对自己要严格要求、乐于奉献、诚实守信、积极进取、虚心好学，自励而不自大，自谦而不自卑；在对待大学生现实的态度或处理所管理大学生的关系上，要真诚热情、友善、富于同情心、乐于助人，尊重他人、善解人意、愿意倾听学生的心声，充满爱心和责任心，办事公正、平等待人，关心和积极参加大学生活动；在管理大学生的理智上，要感知敏锐，善于融理于情，具有丰富的想象能力，在思维上有较强的逻辑性，尤其是富有创新意识；在对待大学生的情绪上，

要乐观开朗、豁达大度，与大学生相处时，能用平静幽默的良好情绪熏染并升华出乐观向上的人生态度；在意志品质上，要表现出勇于承担、行为自觉、善于自制、勇敢果断、坚忍不拔、积极主动等。

第四，要塑造良好的个人形象。辅导员要仪表端庄、着装得体、整洁美观、举止大方。

（四）构建高校辅导员角色实现的机制

1.建立高校辅导员从业规范机制

（1）建立高校辅导员专业设置制度。

我国高校辅导员通常是按照从业人员性质而不是按专业来分类的，这也就意味着我国高校辅导员的培养还处于探索阶段，仍不够专业化、职业化。在我们的传统思维中，认为高校思想政治教育专业毕业生比较适合从事辅导员工作，但是我们应该认识到思想政治教育其实是为政治课或思想政治理论课的教学而专门培养的。而高校辅导员岗位需要集教育、管理和事务为一身的立体化的素养和能力，需要具备思想政治教育能力、学习生活指导能力、心理健康辅导能力等的多元素质。因此，高校辅导员的专业特性是明显而不可替代的，我们应借鉴国外成功经验，加快辅导员的专业化建设步伐，开设辅导员专业，让辅导员岗位成为有竞争力的职业，形成辅导员队伍人才输送培养的良性轨迹。

（2）建立高校辅导员资格证书制度。

与人力资源和社会保障部颁发的各类职业资格证书的考试和使用方法相同，高校辅导员角色的转化也需要这种资格证书制度的引入和执行。辅导员有本行业特殊的素质要求，兼有德育教师和管理干部的双重身份，是高校教师队伍中的特殊群体，不能和专业教师或者行政人员简单的等同。因此，高校可以借鉴其他行业的做法，引入资格认证的办法。在对高校辅导员工作实际考察的基础上，建议制定合理可行的《全国高等学校辅导员资格认证制度》。资格认证主要是参加并且通过若干考试科目，全面考查申请者的知识、能力和素养。合格者将颁发由中华人民共和国教育部认可的高校辅导员资格证书。在此基础上，我们应确保高校辅导员资格证书制度的权威性，要将政策层面上的规定升级为教育法规高度，设计出科学的资格证书体系，把包含资格证书的资格年限、使用范围、升级办法等在内的相关要求予以制度化、法规化。

（3）建立高校辅导员角色退出制度。

在有效建立高校辅导员资格证书制度的基础上，我们也应该本着进出有序、竞争上岗的原则，建立高校辅导员的退出机制，对那些不符合各项条件、年龄偏大、身体较弱的人员，可以劝其退出辅导员队伍。各高校应该建立辅导员管理办法，在规范辅导员选拔流程的基础上，明确辅导员的退出管理规定和退出的相关机制。对在考核工作中不称职的辅导员应该调离辅导员岗位，对在工作中失职而造成严重后果的辅导员，学校应该给予相应的处罚，并根据各自学校的教职工规章和自律要求制定具体的处罚措施。

2. 健全高校辅导员角色实现的利益协调机制

（1）建立激励机制。

第一，职称和行政职级晋升。高校辅导员最关注的一个问题就是自身待遇，而待遇也往往与其技术职称直接联系。因此，职称和待遇问题处理的好与坏是保障高校辅导员能否安心工作的重要因素。各级教育部门应积极组织修订职称评定管理办法，将高校辅导员的职称问题纳入高校教师技术职称的评定范围，使职称的评定程序和方法更加符合辅导员职业实际。

第二，物质保障和经费支持。高校辅导员在辛劳工作的同时，需要校内外给予其重要的保障，在物质保障和经费支持方面能够让其有温暖感和被尊重感。目前，高校的绩效工资机制下诸多高校辅导员在其单位的绩效体制中明显处于弱势地位。因此，国家、高校应该设立支持辅导员的专项经费，增加辅导员经费在高校投入之中的比重，应该单列专项经费用于促进辅导员工作，以便让高校辅导员的发展有足够的经费支撑。同时，各高校、各级教育主管部门应该认真贯彻落实教育部《关于加强高等学校辅导员班主任队伍建设的意见》中的规定："要确保辅导员的实际收入与本校专任教师的平均收入水平相当。"辅导员的劳动报酬应与实际贡献紧密结合起来，提升待遇，给予辅导员工作和生活的必要保障。

第三，身份保障和地位保障。一方面，高校应充分重视高校思想政治教育工作，把学生的思想政治教育放在与教学科研同等重要的地位，改变长期以来形成的"思想政治教育工作无足轻重"的错误认识，充分挖掘并宣传高校辅导员工作的重要价值和实践意义，给予他们更多的待遇回报。另一方面，在这个特殊角色付出艰辛努力的同时，高校也要促进其权利和义务的统一，这就需要学校在与辅导员签订劳动合同或解决编制等问题上有所体现，在体制的稳定性上保障其享受到应有的地位保障和利益保障。尤其是在职业培训教育方面，各高校要提供应有的保障，为辅导员争取和提供更多的在职学习机会。

（2）拓宽职业发展空间。

高校辅导员是年轻有为、思想活跃、有着理想抱负的学工骨干力量，高校应该给予他们更多的晋升和发展机会，拓展他们的职业发展空间。当前，各高校辅导员职业发展多模式并存。综观当前我国社会发展现状，建议可以从四个维度建立辅导员职业发展体系：一是依据辅导员身份的双重特性，可以结合其实际工作的效果等因素，制定多层次工作待遇制度，配套相应的多级别保障制度；二是将工作能力突出的辅导员提拔到党政干部岗位；三是对有学科兴趣和专业特长的辅导员应给予读博深造的学习机会；四是在国家和社会层面应及时打破公务员考试壁垒，对担任辅导员工作时间较长的“老辅导员”应该给予政策倾斜。通过对校内外职业空间拓展，有效提升吸引力，其竞争力也会大大提高。

高校德育工作的开展要求要统筹规划辅导员发展。首先是鼓励和支持一批有热心、致力于从事大学生思想政治教育工作的辅导员在学成之后，本着对工作及自身负责的态度，积极向职业化、专家化方向发展；其次是结合各地的实际情况，选拔优秀辅导员担任学校各级行政部门领导职务；最后是根据本人志向和意愿，输送至高校教学、科研工作岗位。

（3）建立高校辅导员角色的培训机制。

第一，完善辅导员培训和素质提升机制。高校辅导员角色的转化是一种对素质和能力提升的呼唤，而及时进行科学培训是实现这一目标的重要保障。因此，各高校要从实际出发，充分认识到各单位高校辅导员实际工作中的弱点和不足，有针对性地制订各自的培养计划和培养方案。

同时，为了保证高校辅导员培训内容更具针对性，就必须对培训内容进行有效整合。一是依据培训需求设计训练内容，最大限度地满足受训辅导员的具体需要。二是在内容上要确保培训内容的深度、广度与特定层次受训人员的接受能力相匹配；各培训层次的培训内容要前后衔接，相互关联，确保培训内容的延续性和培训过程的完整性。三是培训内容要不断更新，不断为辅导员提供优质的工作方法。为此，高校要针对学生工作和高校教育管理的规律，不断优化培训进修制度，有效提高辅导员整体综合素质；加强专业化培训，提高辅导员角色适应能力，建立高校辅导员角色发展保障机制。

除了高校辅导员岗前入职及职业技能的各项常规培训外，各高校也可以根据本校辅导员的群体特点，组织其参加全国范围内相关专题培训，有针对性地破解在实际工作中遇到的问题。要加大理论与实践相结合的力度，通过大量案例教学，提高辅导员处理实际问题的能力。此外，也可以建立优化全国高校辅导员交流机制，如通过建立辅导员工作主题研讨会、辅导员思想风暴沙龙等形式，加强彼此之间的沟通。在此基础上，加强校际的交流与合作，有条件的高校还可以与省外院校建立联系，形成共同探讨、一起成长的机制和氛围，促进辅导员自身综合能力的提高。

第二，完善辅导员队伍建设工作机制。高校要采取有力措施，在加强辅导员各项培训基础上，要有计划地强化辅导员的队伍建设，建立起有层次的科学队伍建设机制。在重视个体发展问题的基础上，要解决整个队伍知识结构单一、素质不高等问题，加强对其继续教育培养，提升其队伍整体素质，及时地倡导高校辅导员进行知识储备和更新，使学历结构趋于合理，逐步实现队伍的专业化。同时，要发挥有经验的优秀辅导员的传帮带作用，全面展开学习交流和各项辅导员职业技能大赛活动，真正实现辅导员“老、中、青”的合理队伍建设格局，稳中求进，促进整体队伍工作能力、自身素质的提高。

第三节 高校辅导员工作方法

一、做好学生思想政治教育工作的方法

做好学生思想政治教育工作是辅导员工作中的基础，只有这样，学生工作的其他方面才可以正常顺利地开展。

第一，辅导员要正确把握对学生进行思想政治教育的方向，在政治上要与党中央保持高度一致，时刻保持清醒的头脑和坚定的立场。可以通过开班会、党支部会议等方式，把党的方针政策等传达给学生。同时，形势与政策课也是辅导员对学生进行思想政治教育的一个重要平台，可利用形势与政策

课的时间，突出重点讲授，正确介绍和分析国际、国内形势，具有鲜明的政治立场，使学生树立正确的世界观和人生观。

第二，强调“以人为本，学生第一”的工作理念。学生是教育与管理的对象和主体，在对学生的管理与教育过程中，辅导员要坚持“以人为本、学生第一”的理念，尊重学生、信任学生、贴近学生，在一种和谐的氛围中开展学生工作，更深入地了解和掌握学生的思想政治状况。辅导员在坚持工作原则的同时，要设身处地为学生着想；在树立威信的同时，要拉近与学生之间的距离，平时多深入学生宿舍，对学生有爱心，和学生多交心；对待存在问题的学生，要有耐心，多关心，做到动之以情，晓之以理。只有这样，学生工作才可以实事求是、有针对性地开展，学生才会主动地与辅导员交流自己的实际想法，辅导员才能及时发现学生中存在的一些问题并及时解决。

第三，深入开展谈心活动。在教育与管理学生之前，辅导员必须了解学生的思想特征、心理特点、性格特征及目前学习生活状况，而辅导员平时通过形势与政策课、班会等形式只能更多地向学生灌输，并不能清楚地了解到每一个学生的各种情况，全面但不具体，所以，辅导员开展谈心活动是非常必要的。例如，通过一对一的谈心，了解学生的心理、思想及目前状况，对遇到问题的学生及时进行教育与引导，帮助他们向正确的方向发展。

二、做好学生日常管理工作的方法

学生日常管理是辅导员日常工作的重要组成部分，辅导员应对大学生实施规范、全面、有效的管理。

第一，制度建设规范化。辅导员要熟悉规章制度，完善规章制度，使管理工作制度化、规范化，使思想政治教育得到制度的规范、保障和支持。管理工作要坚持公开、公平、公正的原则，做到一视同仁，从严要求，按章办事，要做到数据化、电子化，建立学生管理工作档案，做好大学生行为的规范化管理、宿舍管理、安全稳定等学生日常管理工作。通过对学生进行校风、学风、校规校纪和安全法制教育，帮助学生端正学习态度，增强学习动力，养成良好的组织纪律观念、法制观念和文明习惯。对大学生的管理制度是进步思想观念、价值标准和道德准则的具体体现，充分发挥制度的导向作用，有助于学生的自我约束、自我激励。通过制度对学生的日常行为进行约束，反复强化，就会形成习惯，不断积淀习惯就能慢慢转化为学生内心的信念和内在的品质。

第二，注重两头，抓好中间，用心呵护每一个学生。辅导员在工作中经常说“抓两头，带中间”，而教育学上强调要“面向中间，兼顾两头”。两句话放在一起，就是要求辅导员用心去爱每一个学生，注重两头，抓好中间。注重两头，一头是指要注重各方面优秀的学生，鼓励学生，使他们更优秀，从而树立典型；另一头是指要注重学习上有困难、心理上存在障碍的学生，帮助他们尽快走入学习和生活的正轨，这两个方面都要有针对性地、深入细致地做个别思想工作，解决好个性问题。抓好中间，即指在注重两头的同时，不忘记对中间学生的管理，要把主要精力和时间用于基础性工作和对全体学生的成才指导上，解决好共性问题，才能促使学生共同进步，这也对学生自身的发展和班级的管理大有裨益。

第三，做好学生干部培养工作，调动学生干部的工作热情。在对学生的日常管理中，辅导员要注意做好对学生干部的培养工作，要发挥学生干部的桥梁和纽带作用，让他们成为教师的好助手。一方面，要求学生干部在主动做好班级日常工作的同时，及时向辅导员报告自己及其他同学的情况，反馈各种同学中间的意见和建议，交流工作方法；另一方面，建立和健全学生干部的例会、值班等工作制度，定时、定期地了解各种情况，及时转告一些相关通知。此外，辅导员应对学生干部的工作给予充分的肯定、鼓励和支持，工作上遇到问题和困难及时帮助他们，真正关心他们、爱护他们、帮助他们，从而成为学生干部的良师益友，充分调动起学生干部的工作热情和积极性。

第四，加强学生宿舍管理。宿舍是学生生活的主要场所，也是辅导员开展教育和管理工作的重点。平时，辅导员要主动深入寝室开展工作，指导学生营造良好的寝室卫生环境、文化环境和学习环境，遵守学生寝室管理规定，积极开展文明寝室建设，养成良好的生活习惯。辅导员可在每个寝室选出一个室长，保持与室长的联系，充分发挥室长作用，使同寝室同学可以健康、文明地学习和生活。随着互联网的普及，目前学生拥有电脑的人数日益增多，由于自控力差，学习没有目标，很多学生盲目使用电脑，花大量时间在电脑游戏和娱乐上，对于这个问题，辅导员也应深入宿舍检查，发现问题及时批评教育，切实做好学生宿舍管理工作。

第五，组织学生开展丰富多彩的活动。辅导员要注重发挥学生党支部、团支部、班委会等学生基层组织的政治优势和组织优势，充分调动和发挥每一位学生干部和学生的主动性与积极性，开展主题鲜明、积极向上、丰富多彩的活动。在活动中发挥辅导员的组织、协调和指导作用，让学生在这个过程中唱主角、当主体，激发学生自我教育、自我管理的热情，使学生在活动中受到教育。

思想政治教育工作与管理是做人的工作，辅导员要针对不同的学生和不同的思想特征，因人施教地开展教育工作，以理服人，以情感人，学生才能更好地配合辅导员的工作，乐于告诉辅导员自己的所想所需，只有这样，学生的思想政治教育与管理工作才能更深入、更有成效。

三、做好就业指导工作的方法

面对严峻的就业形势，激烈的就业竞争，高校辅导员做好毕业生的就业指导工作是其工作中的一个重要组成部分。下面将对高校辅导员如何做好学生的就业指导工作提出几点建议。

第一，做好前期的调研工作。辅导员要加强就业前期的调查研究工作，掌握分析学生的基本情况和思想动态，力争使就业指导工作有针对性。从大三下学期开始就应在学生中进行全面的调查，准确掌握学生的基本情况，包括就业心态、求职意向、就业中存在的困难，以及对学校就业指导工作的意见与建议等，为就业指导工作做好充分准备。

第二，开设就业指导课堂。辅导员在对大学生的就业指导工作中可采取专题讲座、咨询探讨、心理测试、模拟招聘等形式多样的教育引导方式。据调查，当代大学生就业时普遍存在眼高手低的问题，对自身定位不准，期望高但实际能力缺乏。高校可以开设一些有关就业指导的课堂，帮助学生分析当今社会的就业政策和就业形势，促进学生树立正确的择业观，尽可能地让毕业生对自身条件有较为准确和客观的认识，找到适合自己发展的方向。这种课堂的开设，不仅可以由校方有经验的教师来开设讲座，也可以请已经参加工作的学生来讲自己的亲身体验，还可以请事企业单位的招聘方来参与，通过这些形式，更加生动有效地传授给学生求职的技巧、方法等。

第三，尽可能为毕业生提供信息拓宽就业渠道。高校各院（系）一定要尽可能地为广大毕业生提供就业信息、拓宽就业渠道，如举办现场招聘会等。辅导员要配合学校积极做好联系就业单位的工作，加强与企业之间的联系，同时，辅导员不仅要及时主动收集招聘信息，邀请就业单位的人来高校院系举办专场招聘会吸纳人才，还要尽早向毕业生介绍一些用人单位的情况，帮助学生了解用人单位的发展史等状况，为学生了解和选择工作单位提供方便。另外，辅导员应充分运用一切可以运用的资源，如可以动员和发挥学校院系广大教职工的作用，利用教师与外界的科研工作上的合作关系、私人关系等多种渠道，更多地联系单位，邀请对方来校招聘人才，促进建立长期的合作关系，将“服务学生，学生第一”“把每一个毕业生都当成自己的孩子”等主旨落到实处。

第四，及时、准确地发布就业信息。就业工作是一项时效性强的工作，保证就业信息的顺利畅通是高校辅导员做好毕业生就业工作的一个重要环节。辅导员收集就业信息后，在第一时间将信息准确地发布给学生，可以使学生迅速地和企业取得联系，更有利于毕业生对择业时机的把握。一般可以通过以下途径使学生尽快获得就业信息：网络、信函、电话、广播、电子邮件等方式；还可以在各宿舍楼和教学楼设立专门的就业信息栏，张贴就业信息，使学生随时可以查看到相关就业信息。除了及时更新外，还应及时公布录取情况。

第五，关心帮助个别就业困难的学生，并采取相应措施。学生就业困难，原因多样，不仅包括学习成绩不理想，还包括期望值高但自身条件不够、择业方向不明确等情况。辅导员需要给予这部分学生更多的关心和指导，不仅要热情耐心，还要帮助他们分析各自情况，帮助他们调整就业心态，端正就业观，树立自信心等。

第六，帮助毕业生树立正确的就业观、开阔视野。辅导员应教育学生把个人的发展成才与时代的需求结合起来，艰苦创业，奋斗成才。除了“大城市高薪水”的目标外，还应引导和鼓励学生到中小企业去、到基层去、到祖国最需要的地方去建功立业，更有意义地实现自己的人生价值。

第七，做好毕业生就业的心理辅导工作。针对当代大学生的特点，辅导员要加强对毕业生就业的心理辅导工作，防止因就业问题出现焦虑、悲观和不满情绪；采取相应的及时有效的措施，对有这些方面问题的毕业生重点指导、重点服务、重点帮助等。大学生就业心理辅导也是就业问题中的越来越重要的一个新内容。就业对大学生来说是走向社会的一个重要转折点，在这个过程中难免会遇到各种各样的困惑和难题，各种矛盾的冲击与考验。就业心理辅导对帮助大学生树立正确健康的就业观有重要的意义，高校辅导员可以通过较专业的就业心理辅导，帮助学生了解自己的特点，树立求职的自信心，正确处理就业中遇到的挫折，等等。

四、做好心理健康教育工作的方法

高校辅导员是基层的学生工作者，对大学生心理健康成长发挥着非常重要的作用，在新形势下，高校辅导员要成为学生心理健康的导师，要不断探索适合学生实际的心理健康教育的方法，不断提升自我素质，做好学生的心理指导和调节工作，促进大学生的健康成长与全面发展。

第一，构建好自己积极健康的心理素质，树立好阳光的形象和提升人格魅力，具备基本的心理学知识。辅导员要做学生的表率，应要求自身树立正确的、积极健康的世界观和人生观。人格力量也是辅导员给学生树立榜样的决定因素，谦虚大度是每个辅导员必须具备的素质。同时，辅导员要在了解每位大学生的学习、生活性格、家庭等情况的基础上，掌握大学生常见的心理障碍及特殊群体的一般规律，在与学生交流沟通的过程中及时发现问题、及时干预，加强跟踪辅导，同时要掌握一定心理咨询沟通技巧，更好地帮助学生解决心理问题。

第二，加强日常学生教育与管理工作中的大学生心理健康教育工作力度，注意区分学生的思想道德问题与心理问题。辅导员要经常深入基层、深入第一线，及时对学生的心理问题进行有针对性的辅导或咨询，并积极与专职心理健康教育辅导教师沟通合作，对有心理困惑和心理障碍的学生及时提供必要的帮助。对于极少数长期处于恶劣的环境下并已经产生、积累了严重的心理问题和行为障碍的学生，辅导员需要进行系统的缺陷矫正，必要时应求助专门的治疗机构。

第三，注意使用换位思考法。辅导员想要了解学生的内心世界，首先要从学生的角度去看世界，去理解和体验他们的思想和感情，拉近与学生的距离。部分大学生由于人际关系的不和谐、学习环境的不适应，从而产生困惑，导致心理失调，如不及时调整，会产生诸如失落、自卑、焦虑、抑郁等心理问题。辅导员平时应该指导学生学会理解他人，在处理师生关系、同学关系、朋友关系等问题上可使用换位思考法，即学着用对方的观点去分析看待问题，这样，许多矛盾便会被化解、消散。通过换位，学生就会认识到自身的欠缺，主动与他人协作，在更高层次上恢复心理平衡。

第四，分阶段、分层次、有针对性地对学生实施心理健康教育，帮助学生释疑解惑。大学一年级心理健康教育的重点应放在使学生尽快完成高中到大学的转变，适应大学生活这个新环境并且了解心理科学和心理健康的基础知识；大学二、三年级学生心理健康教育的重点在于让他们掌握心理调适技能及正确处理好学习成才、人际交往、交友恋爱等方面的困惑；大学四年级学生心理健康教育的重点就是要在配合就业指导工作的基础上，帮助学生树立正确的就业观，认识职业特点，客观分析自身职业倾向，做好就业的心理准备。

第五，做好特殊学生群体的心理健康教育工作。特殊学生群体主要包括经济困难学生群体、学业困难学生群体和就业困难学生群体等，辅导员在工作中要特别注意对这些特殊学生群体的心理健康教育，可根据不同学生群体的心理特点，有针对性地实施相关教育，帮助他们承受和应对困难，从而改善他们的心理状态。对于一些平时比较容易紧张的学生，当毕业考试临近的时候，有可能出现考试焦虑症，为了防止其发生，辅导员可以在考试前的一段时间里对这些学生进行集体辅导，讲授自我放松、缓解紧张的方法，帮助他们减压。

第六，面向全体学生举行多种形式的心理辅导和咨询活动。辅导员可在新生入学教育期间安排心理健康教育讲座，经常性地举办心理辅导和心理咨询活动。通过多种形式，对大学生成长过程中可能出现的一些普遍性问题，有针对性地提供经常、及时、有效的心理健康指导与服务，加强对大学生的心理健康教育，使心理健康教育活动的影响不断扩大和深入。

第四节　高校辅导员职业素质与能力

一、高校辅导员职业素质与能力研究的理论基础

（一）马克思主义关于人的全面发展理论

马克思主义关于人的全面发展理论内涵非常丰富，主要包括个体的需要、个体的活动、社会关系和个性的全面发展四个方面。马克思主义认为，人的全面发展是人的最基本也是最深刻的东西。人的全面发展不是厚此薄彼、相互隔离的状态，而是相互统一、紧密相连的有机整体，最终寻求的是个人自然属性与社会属性的相互统一、个人发展与社会发展的相互统一及潜在能力与现实能力的统一发展。

1. 需要的全面发展

需要反映的是人的一种缺失、不平衡的状态，它主要是指个体自觉反映自身所拥有的物质生活资料和精神生活条件。在马克思看来，任何人如果不同时为了自己的某种需要和为了这种需要的器官而做事，他就什么都不能做。也就是说，需要是人的本性。但是，他又进一步指出，人的需要不等同于动物的需要，动物只是生产它自己或它的幼崽所直接需要的东西，而人则摆脱肉体的需要进行生产，并且只有在他摆脱这种需要时，才真正进行生产。也就是说，人的需要不单单是为了他自身的生存与发展，也是为了站在整个人类社会的生存与发展取向。人的需要不是自然得到满足的，它必须在社会实践中得到全面实现，当人旧的需要得到满足时，又会源源不断地产生新的需要。总之，需要是促使个体从事某项社会实践活动的内部动力，不同的人，其需要也是不一样的。每个人的需要都是从低层次需要向高层次需要发展，由单向性需要向多样化需要方向发展。人既有物质生活需要，又有精神生活和提升自我实力的需要，这种需要体现了物质和精神、自然性与社会性的相互统一。

2.活动的全面发展

实践性是人类所特有活动的本质，人的全面发展不是在空想与思辨中实现的，它是人的各种实践活动的全面发展。人的生命是动态流动的，生命首先表现的就是活动，而人的活动最重要的就是人在改造自然世界和改造社会世界的实践活动。它不仅包括生产实践活动，也包括社会人际交往活动。马克思在《巴黎手稿》中将“对象性活动”也称为“劳动”。人们通过参加社会实践活动来满足自己的需要，拓展自己的社会关系，进而来提升自身的素质。人的活动全面发展不仅包括自然力和社会力、个体能力和集体能力、潜在能力和现实能力等，也包括个体社会交往活动的全面发展，在交往中促进社会生产力的发展，在交往中解放自己的个性，建立个体与外部世界、内部世界的各种链接。

3.社会关系的全面发展

马克思是如何剖析人的社会关系呢？列宁曾指出，马克思的基本思想是把社会关系分成物质的社会关系和思想的社会关系。思想的社会关系不过是物质的社会关系的上层建筑，而物质的社会关系是不以人的意志为转移的。随着人类在改造自然世界与改造社会世界的不断深入和拓展，历史地形成了多种层次、复杂多样的社会关系。社会关系就是人与人之间的一切关系，马克思主义认为，社会关系是人在社会实践活动中形成并不断走向丰富完善的，它是向外延伸的而不是向内延伸的。社会关系可以分为物质关系和思想关系两种，人的社会关系的全面性包含着人与人、人与自然及人与社会的和谐发展，人的本质不是单个的抽象物，而是一切社会关系的总和。任何人的发展倘若离开了社会现实，脱离了社会关系，个体的全面发展就会沦为空中楼阁，就会成为无水之源、无本之木。另外，人的社会关系决定着人的能力和个性的发展程度。马克思主义认为，社会关系实际上决定一个人能够发展到什么程度，个人的全面性不是想象的或设想的全面性，而是他的现实关系和观念关系的全面性。人的全面发展会随着社会关系的丰富，由片面走向全面，由不充分走向充分，由贫乏走向富有。

4.个性的全面发展

人的个性是指人的自然潜力、心理、精神、道德、思维和观念等，具有稳定性和个体差异性等特点。个性的全面发展就是抛弃个性的模式化和固定化，由个性的单调状态逐步走向个性的充分发展。社会中的每位成员都能完全自由地发展和发挥他的全部才能和力量。马克思指出，在共产主义社会里，任何人都没有特殊的活动范围，都可以在任何部分内发展，社会调节着整个生产，因而使我有可能随着自己的兴趣今天干这事，明天干那事。个性的发展摆脱了人的异化、物化和分化等，人最终成为自己链接自我、链接社会、链接自然界的真正主人。个性全面发展的人能够自由地调配劳动时间、自由地选择劳动职业，不屈服于劳动分工，按照自身的才能、爱好和兴趣来选择自己能发挥价值的工作领域。

马克思关于人的全面发展理论为开展新时代高校辅导员素质研究提供了理论借鉴和思想启迪。其一，马克思主义关于人的本质属性的描述，启示我们开展辅导员素质研究时要面向现实的人而不是抽象的人，因为人的本质不是单个的抽象物，而是一切社会关系的总和。在研究中尤其是数据资料的提取过程中，要特别关注并重视高校辅导员的真实需要、现实追求与发展困境。新时代辅导员素质包括哪些关键要素？辅导员的综合素质如何提升？我们需要深入地走进高校辅导员的内心世界。其二，马克思主义关于人的全面发展理论揭示了全面发展的主要内涵，这启示我们在开展高校思想政治教育工作中必须高度重视高校辅导员不同层次需要的满足和学生的个性化需要满足，必须坚持人民的主体地位，尊重人民的首创精神与核心利益，以学生的发展为中心，满足新时代大学生的多样化、个性化需求。其三，实现人的全面发展的内外部条件为新时代辅导员素质提升提供路径借鉴，切实提高辅导员的素质。一方面需要包括国家、学校、社会等主体提供外部条件，重视教育培训、环境氛围的营造、制度保障等；另一方面需要辅导员个体的自身努力与践行，在高校辅导员的育人工作中不断加强自身素质的培养与修炼。

（二）职业发展理论

职业发展是个体在从业过程中不断提升技能，总结经验，成为行家里手的职业成长过程，主要涉及职业阶段性理论和职业锚理论。职业阶段性理论主要是在职业生命周期中因所处的职业阶段不同而对从业者的知识技能、经验水平等因素有着不同的需求标准。全球最有影响力的职业生涯发展领域权威代表之一——舒伯（Donald E.Super），在他的生涯彩虹图中非常形象地展示了人的生命不同时期由不同角色组成，角色与发展阶段相互影响，构成了人的不同阶段的多重角色之间的层级关系，而越早越成功的角色将会为未来角色的扮演提供好的基础。舒伯对生涯发展理论提出了一系列的基本主张，构成职业生涯阶段理论研究框架，主要包含生涯发展的连续性、不可逆转性、次序性、自我概念性等，也有一个人的职业水平的提升，即升迁发展状况受个人能力、社会、家庭、个人心理、价值观、人际关系等诸多因素影响。他还强调某个性格特征和能力水平的人可以胜任多个职业，同时即使某个职业的从业者需要特定的职业能力、人格特征等需求，也会有不同类型的人来从事。不同的人有着不同的自我实现过程，这个自我实现过程是人对自我工作满足程度的确定，并源于个人自我概念是否在工作中得以实现。不同的人因个人的兴趣爱好、性格特质、能力水平和价值追求的差异性而影响着他是否选择某个职业。高校辅导员职业周期主要是在舒伯生涯发展理论的探索期开始，从目前的政策导向和职业发展的期盼来说，主要目的是高校辅导员从业者如何能够较好地完成当下社会共识的职业全生命周期，以此为目标不断地创造条件、创设平台，使高校辅导员从业者在满足国家、社会和学生需求的同时，也能满足从业者自我概念的实现。这样的生涯发展理论是综合发展心理学、差异心理学、职业社会学及人格理论等相关知识经过长期研究的结果，其科学性和适用性能够满足高校辅导员职业能力建设过程中的相关知识需要。

职业锚理论以确定个人职业成功的标准为核心，提出准确反映个人职业需求及工作环境需求的目标，旨在帮助个人找到适合自己的职业领域及种类。从宏观角度来看，职业锚指的是能满足自我的一种长期稳定的职业定位，即个人进入工作情境后，根据实际工作经验，所感受到的与自己内省的动机、需要、价值观、才干相符合的职业角色。一个人的职业理想、职业追求能够通过职业锚得到较好的反映，职业锚能够帮助从业者增长工作经验，也能帮助组织了解员工的职业需求，成为组织与员工之间有效互动的媒介，从而为员工的职业发展奠定坚实的基础，为企业提升劳动生产率提供帮助。当前，高校辅导员面临的诸多问题需要去解决，其中非常重要的问题包含职业生涯规划不明确、职业发展缺条件、职业需求得不到满足等，而这些问题的解决，归根结底是需要通过职业发展理论的外化过程来解决，即实践职业生涯发展理论和职业锚理论。弥补辅导员个人职业发展意识缺失、职业决策能力不足、职业成长空间拓展不够等问题，从而提升个人职业能力，使之不断提升个人工作效率和工作质量，产生较高的职业效能，个人职业价值得以实现的同时获得被发现才干的机会，进而得到晋升和发展的机会。

二、新时代提升高校辅导员职业素质与能力的必要性

（一）国家进步、民族复兴、社会发展的需要

在当前国际、国内形势复杂多变的时代背景下，各种非马克思主义社会思潮不断地冲击大学校园。面对社会日新月异的发展、国际国内政治经济形势的深刻变化、改革开放实践中的重大理论和实践问题，高校思想政治教育工作外部环境发生了巨大变化，对大学生的思想政治教育提出了更加严峻的考验。显然，严峻的社会环境使高校思想政治教育工作广度和深度同时加大，新时代的高校辅导员的工作涵盖范围越发广泛，具有动态性、情境性和多样性等特点，在新的时代背景下开展工作，这对辅导员职业能力提出了更高的要求：高校辅导员要在“三全育人”的格局中必须具有因事而化、因时而进、因势而新的科学方法，要有更坚定的政治立场，更强的政治敏锐性，更敏锐的洞察力，更丰富的理论知识，更全面的综合素质，以此来满足国家进步、民族复兴、社会发展的需要。

（二）新媒体时代大学生思想政治教育工作发展的需要

网络信息技术方兴未艾，各种传播媒介应运而生，新媒体平台重心逐渐从“PC 时代”向“移动时代”转型，自媒体时代信息量呈几何倍数暴增，大学生更是移动网络社会中的生力军，新时代大学生接收信息的渠道越发多样化、多元化、复杂化。信息获取渠道的丰富性和实时性使大学生同国际国内社会环境的接触更加紧密，大学生的价值观呈现多元化发展趋势，表现出较强的平等意识、批判意识。高校辅导员不再把握信息的主导权和话语权，对高校辅导员的敏锐性、网络舆情把握度、媒介运用力、应变能力、工作艺术和沟通技巧等提出了诸多严峻的挑战。换言之，信息传播过程的互动性对高校辅导员的职业能力提出了更高、更严格的要求，高校辅导员是否具有较高的工作艺术和技巧，决定其育人渠道能否与网络竞赛。新媒体时代，高校辅导员职业能力的提升有助于辅导员转换角色，克服“本领恐慌”和新媒体理论宣传碎片化的问题，不断“逆流而上”地转换自身的工作范式占领信息网络阵地，提高媒介素养，积极开展大学生网络思想政治教育对话，把新媒体这个“最大变量”化为“最大正量”，从而推动大学生思想政治教育工作的创新和发展。

（三）做好大学生教育、管理、服务工作的需要

进入 21 世纪以来，高等教育的合并和扩招导致高校规模化发展，在利益格局深刻调整的时代背景下，使得大学生管理正逐步由单一的行政化管理模式向社会化管理模式转变，这对高校辅导员的教育管理服务形成新的挑战。辅导员工作在学生工作的第一线，要协同各思想政治工作队伍关照学生、融入学生，为学生的发展赋能，坚持解决学生思想问题和实际问题相结合，充分体现高校的育人功能和服务功能；高校辅导员要在大学生中开展班团组织建设、人际交往活动、社会实践和寝室文化建设等“多位一体”的隐性服务体系开展自我教育。学生骨干队伍建设、贫困学生的评定工作、综合测评及评奖评优等学生日常事务管理；工作中蕴含着许多践行社会主义核心价值观的时机，要求高校辅导员公正、公平、公开地进行评定，体现教育高度。学生管理工作千头万绪，高校辅导员需要遵循“一把钥匙开一把锁”的原则开展差异化教育引导，实现思想政治的面上喷淋和精准灌溉。高校辅导员要有更高的职业能力满足新时代对辅导员做好大学生教育、管理、服务工作的需要，不断地探索提高自身的工作能力和业务能力，在解决学生的实际困难和普遍问题中找准思想政治教育的切入点，切实促进学生的全面发展。

（四）高校辅导员队伍职业化发展的需要

职业化是现代社会走向高度分工的产物，高校辅导员职业能力的提升有利于推进队伍职业化建设，提升高校辅导员队伍的社会认同度，从而为打造中华民族“梦之队”提供坚强保障。从发展进程来看，为了明确提高高校辅导员专业水平，确保高校辅导员队伍建设的稳定性，必须坚持以高校辅导员队伍职业化发展为导向，要求高校不断更新工作理念、健全培训支持系统、细化分工合理设定职业岗位、优化工作体制，形成高校辅导员职业化建设的长效机制。随着职业化发展的不断深入，高校辅导员不仅要掌握该职业所必需的全项专业知识和技能，还要不断进行自我职业生涯探索，确立职业发展的专业领域，加强专业学习和理论研究，形成自身独特的职业能力，精通某一专项能力并可持续发展，从而成为某一领域的专家，如成为学生就业指导的择业辅导员、学生日常事务管理的事务型辅导员，担任学生生活指导服务的生活辅导员。

三、高校辅导员应具备的职业素质

（一）过硬的思想政治素质和道德素质

思想政治素质是高校辅导员的核心素质。要提高受教育者的思想政治素质，必先要求教育者具有良好的思想道德品质和扎实的政治理论素养。辅导员要不断地提高自身的政治理论水平和思想觉悟；要具有执着的政治责任感，高度的政治觉悟，坚定的政治立场和政治信仰，较强的政治参与意识；要坚持以正确的政治方向引导人，以先进的政治理论熏陶人，以严格的政治纪律规范人，不断提高自身的政治素质、政治敏锐性和政治识别力，在“为谁育人”“育什么样的人”这样的大是大非面前，有清醒的头脑、正确的认识。育人为本，德育为先。道德教育已越来越成为整个教育的重心。无形的示范和感化比语言形式上的教育更深刻、更实在。辅导员的工作是一项特殊的职业，它不能借助职位、权力让人信服。辅导员要以自身良好的品行风范、道德修养和人格魅力作为一种直接有力的教育因素潜移默化地感染和教育学生。

（二）丰富的文化素质

当今世界，文理渗透日趋明显，新兴学科、交叉学科不断产生。高校辅导员要在文理兼容的基础上，不断提高自己的文化修养。一个辅导员如果没有相当的文化底蕴和科学知识的积累，要想在日常教育工作中掌握主动、占有先机是很难的。高校辅导员除了应掌握系统扎实的思想政治理论知识外，还应具备一定的教育学、心理学、管理学、伦理学、美学等知识；应尽可能地了解与学生专业有关的基础知识，以便有效地指导学生的专业学习；应掌握一些与学生兴趣爱好有关的知识，或在音乐、美术、文学、体育等方面有一技之长，以便更好地与学生交流，融洽师生感情，并达到寓教于乐的目的。另外，在网络时代，为了更好地开展学生工作，加强师生间的联系与交流，高校辅导员还应具备必要的网络知识与操作技能。总之，高校辅导员必须具备一定的思想政治教育及管理工作知识，还应具有广博的人文和自然科学知识。

（三）较强的能力素质

高校辅导员应具备较强的办事能力、协调沟通能力、组织管理能力和语言表达能力，成为学生教育管理的专家。学生工作头绪多、事务繁杂，学生各方面的事务仅靠高校辅导员本人是不可能完全解决的，需要与相关职能部门沟通合作，共同处理。高校辅导员应具有选择活动、制定方案、具体实施、总结经验和处理突发事件的能力，既要能使自己成为多面手，能顺利应对种种事务，又要能通过有效的组织管理调动学生的积极性、主动性和创造性，从而达到集体教育的功能。谈话是高校辅导员开展思想政治工作常用的重要形式。一句恰如其分的赞扬，能使学生信心倍增、干劲十足；一句语重心长的告诫，可使学生猛然自醒、奋起直追；而言辞粗暴、语言过激往往会伤害学生的自尊心，甚至使学生产生逆反心理。因此，良好的语言表达能力和诙谐幽默、恰到好处的语言表达技巧也是对高校辅导员的基本素质要求。

（四）良好的心理素质

教育者良好的心理素质是顺利进行素质教育，达到健康人格培养的保证，是高质量、高效率工作的保障。正如俄国教育家乌申斯基所说："教师健康的心理素质、美好的心灵是任何东西都不能代替的有益于发展的阳光。"教育对象的日益复杂化，要求高校辅导员具有良好的心理素质水平，具备敏锐的观察力，能及早、尽快地发现各种问题，并能给予合理的指导；要保持良好的心境和乐观、稳定的情绪，以熏染并培养学生积极向上的情感及乐观向上的人生态度；具有良好的情绪反应能力、良好的心理承受能力和适宜的宣泄方式，能较好地自我调节和转化不良情绪，善于不断地修正和平衡自己。

（五）较强的创新素质

知识经济时代的发展要求高校必须培养创新型人才。创新是一个民族进步的灵魂，是国家兴旺发达的不竭动力。一个没有创新能力的民族难以屹立于世界先进民族之林。同样，创新也是学生思想政治教育工作的生命和动力。高校辅导员必须具有创新意识和创新精神，不断更新教育观念，转变教育思想，探索思想政治教育的新途径和新方法，在工作中努力求新、创新、出新，做到学习求知有新视野、分析问题有新角度、研究情况有新见解、部署工作有新思路、解决问题有新办法、管理学生有新经验，形成自己在学生工作中独有的风格。

（六）一定的科研素质

科学研究有助于辅导员正确把握新形势下教育对象的变化和特点，可以学习、吸收古今中外思想道德教育的闪光思想和有益经验，创新应用思想政治教育的方法和规律，增强工作的实效性，并对培育崇尚学术科技的校园文化有潜在的示范和促进作用。从长远看，高校辅导员工作应不再是一个作短暂停留的驿站、临时工作的岗位。和其他职业一样，高校辅导员工作应有鲜明的职业形象、过硬的职业技能和严格的资格认定，即高校辅导员的出路应该是走专业化和职业化之路。因此，高校辅导员必须具备一定的科研素质，这是提高工作成效的需要，是高校辅导员专业化和职业化的基本要求，是立足于学术基础发挥举足轻重作用的高校的需要，也是高校辅导员生存和发展的必备素质。

四、高校辅导员应具备的职业能力

（一）管理能力

高校辅导员是学生事务的管理者，其管理能力高低直接影响到学生工作的绩效。从本质上来说，管理活动的目的是追求效率，管理能力是指组织者能否提高工作效率的水平高低。对高校辅导员来说，是否在学期初就对本学期的工作有整体的计划；工作计划是否为在充分考虑学校安排及学生需求等具体情况之下所制订的工作计划，是否严格按照预定计划开展活动并对活动情况进行评估；是否能够充分调动和依靠班级学生参与班级事务的管理之中等，都是考查高校辅导员管理能力的影响因素。

高校辅导员的管理能力可以分为几个方面：一是制订计划的能力，也就是能否科学、准确地制定决策；二是执行计划的能力，也就是在计划的执行过程中能否充分调动一切可以调动的力量，以及协调活动团体中成员之间的关系，并进行适当的授权和控制；三是评估计划的能力，也就是在活动开展中能否科学地对活动情况进行评价并对执行者给予相应的指导，在活动结束后归纳总结经验教训，并进行绩效考核评估。

（二）辨别能力

现代生活日益复杂化，大学生生活的环境及面对的事物也日益复杂化，这直接导致辅导员的工作也日益复杂化，要在复杂的工作环境、复杂的工作对象和复杂的工作内容面前依然很好地开展学生工作，高校辅导员需要拥有较强的辨别能力，从诸多矛盾中分辨出主要矛盾和次要矛盾，从众多信息中甄别出真实和有用的信息，从而方便学生工作的开展。

高校辅导员的辨别能力直接体现为辅导员对事物的辨别准确性及辨别速度。一个好的辅导员需要在尽量短的时间内迅速做出正确的判断，从而提高高校辅导员工作开展的绩效。辨别能力的培养和提高需要建立在扎实的知识基础和经验基础之上，通过不断总结实践经验，有针对性地进行辨别能力方面的训练。

（三）沟通能力

高校辅导员面对的大学生具有各自的生活背景、知识背景，成长于不同的环境之中，在日常生活习惯、学习习惯及思想成熟度方面都具有很大的差异，当这些学生进入大学组成一个集体之后，日常的相处之中难免会发生纠纷和矛盾，这时就需要高校辅导员与同学之间进行沟通，协调学生之间的人际关系。这就要求高校辅导员要具有较好的沟通能力。同时，大学生工作涉及学校多个部门，相关事务的处理过程中要求高校辅导员能很好地与不同的管理主体进行沟通，以便更好、更快捷地为大学生管理服务。

高校辅导员在培养自身沟通能力的时候，首先必须正确认识自己，只有摆正自己的位置，才能正确处理和他人的关系；其次要尊重他人，在平等的基础上与他人进行交往；最后要善于学习相关沟通技巧，比如语言表达的方式等。

（四）决断能力

大学阶段是学生思想最为活跃的一个阶段，大学生容易受到各种各样思潮的影响，同时由于心理发育的不成熟，容易导致大学生行事冲动，学生管理中时常会有突发事件和危机事件的发生。高校辅导员首先要在思想上对危机事件和突发事件有足够的意识，有充分的思想准备。日常积极开展对危机事件和突发事件的处理方式的学习，这样才能够在事件发生时做到不慌乱，做到心中有数，并针对事件发生时的具体情况，有计划、有步骤地进行处理。

即使是在一般的学生事务的处理中，高校辅导员也需要拥有决断能力。

做事优柔寡断、犹豫不决的高校辅导员难以获得大学生的信任。高校辅导员的决断能力体现了高校辅导员对事态和局面的掌控能力，坚决、果断、干练的处事风格有利于高校辅导员建立自己的威信，增强辅导教育工作的说服力。

第五节　高校辅导员工作压力与职业倦怠分析

一、工作压力与职业倦怠的含义

（一）工作压力的含义

工作压力是管理学、社会学和心理学等学科研究的重要理论范畴，不同领域的研究者从各自的研究视角形成了众多的工作压力定义。卡普兰（Caplan）等认为工作压力是工作环境中使个体感受到威胁的事物特质总和，包括超出个体负载和个体需求得不到满足的匮乏情况两个方面。比尔（Beehr）和纽曼（Newman）认为工作压力是工作人员与工作因素间的相互作用而改变其心理或生理状况，并使其被迫偏离正常机能的一种情形。弗雷德·鲁斯（FredLuthans）将工作压力定义为导致组织的参与者生理上、心理上及行为上偏离的针对外部情况的适应性反应等。

根据文献分析，可将工作压力概念分为基于刺激、基于反应、基于刺激—反应的三类定义。第一类基于刺激的定义认为，工作压力即某项导致个体焦躁、忐忑等状态的事件或刺激，它既可以是外部的，如太多的工作、太少的工资、失业等，也可能来自个体内部，如对自己的要求过高等。这一定义强调工作压力的外部要素，重点探索压力刺激的本质与工作压力的来源，缺点是未考虑个体对工作压力的认知和评价，以及对压力反应的处理策略。第二类基于反应的定义认为，工作压力是个体表现出的由环境刺激引起的类似焦躁、抑郁等心理反应。该定义从个体对待压力的体会和认知出发，认为工作压力是以反应为基础的心理过程。第三类基于刺激—反应的定义认为，工作压力是个体特征与环境刺激物间互相作用的结果，是形成个体身心与行为反应的过程，从交互的角度定义工作压力，即将工作压力视为环境刺激（压力源）和个体回应（身心反应）相互作用的结果。

（二）职业倦怠的含义

职业倦怠最早用来形容警察执法过程中对违法者进行教导与治疗时的一种病态表现。心理学意义上的职业倦怠最早由美国精神病学家弗洛登伯格（Freudenberger）提出，又称职业衰竭、职业枯竭。随后，马斯拉克（Maslach）和杰克逊（Jackson）继续深入研究，并对其进行了定义，即职业倦怠是指在以人为服务对象的职业领域中，个体的一种情感耗竭、去个性化和个人成就感降低的症状。国内外广大研究者多引用马斯拉克和杰克逊所下的定义。根据马斯拉克和杰克逊的三维度模型定义，职业倦怠包含情感衰竭、去个性化以及个人成就感丧失三个维度。情绪衰竭为职业倦怠的核心内容，指个体在面对工作时丧失了最初的激情，并且感情的投入减少，同时以一种消极的情绪状态应付工作；去个性化指个体在日常社会活动中，尤其是工作中，面对他人时的冷漠、麻木的状态；个人成就感丧失指在工作过程中个体无法体会到自己努力付出的意义，认为自己的劳动价值得不到认可，并且内心缺乏成就感，从而在工作上不再积极上进。

二、高校辅导员工作压力与职业倦怠的表现

（一）情感衰竭

高校辅导员职业倦怠的最突出的表现是情感衰竭，它具有比较明显的症状，主要表现为食欲下降，睡眠质量不高，精神疲惫不堪，脾气暴躁，精力分散，注意力不集中，思维混乱，对待工作和生活缺乏活力和热情，经常感到焦虑、恐慌、紧张、孤独、抑郁等。同时，这些心理状态也会反应在生理上，导致整体的抵抗力下降，免疫力受到影响，容易疲劳和生病，长期处于亚健康的状态。

（二）去个性化

高校辅导员的职业倦怠表现为去个性化、思想消极，对工作和学生提不起兴趣，缺乏热情和创新；对于本职工作产生排斥的心理，不愿意投入时间和精力，无法完成工作任务；与同事不能融洽相处，对学生需求不耐烦，对

学校要求多抱怨；在工作的过程中得过且过，不愿意思考工作方式方法，不愿意创新工作方式，认为自己的付出和回报不对等，得不到应有的职业肯定和认同，缺乏职业归属感。尤其是一些高学历人员在竞聘高校教师失利的情况下，为了能够在高校工作，转而选择辅导员职位，但理想与现实的差距较大，工作压力突出，继而更容易产生职业倦怠，想要跳岗离岗等。

（三）个人成就感丧失

高校辅导员职业倦怠表现在不认同职业价值和意义，认为所从事的职业是没有意义的，无法体验个人成就感。他们认为辅导员工作是烦琐、枯燥、重复的，不容易出成绩，但是一旦所管理的学生出现安全事故等一系列问题，高校辅导员的责任就是首当其冲的，甚至可以抵消之前所付出的所有努力，所以在工作中容易丧失信心和激情，时常感到焦虑，不能感觉到辅导员这一职业的自豪感和使命感。这些高校辅导员缺乏开展工作的信心，在工作上缩手缩脚，既担心做不好工作，又担心不做工作带来的绩效进一步降低，在工作中不求有功，但求无过，工作成功的体验感渐渐下降直至消失。

三、高校辅导员职业倦怠的特点

（一）隐蔽性

高校辅导员工作是一个特殊的、对人进行思想政治教育的工作。高校辅导员的职业倦怠很难被发现，表面上看，高校辅导员已经完成了工作任务，但实际上可以将工作的方式方法更加科学化、人性化。一旦出现职业倦怠，高校辅导员对学生和工作本身不再具有激情，不愿意去思考工作的创新性和有效性，机械、简单、敷衍地完成工作，应付了事。这虽然也是完成工作的一种方式，但效果是天差地别的。

（二）危害性

高校辅导员工作是直接对人的教育引导，在大学生成长成人成才的道路上扮演着非常重要的角色，其自身的工作态度直接影响着大学生的成才和人格的健全，如果高校辅导员产生了职业倦怠，自身世界观、人生观、价值观出现了偏差，那么教育引导出来的高校学生势必会受到感染，进一步影响高校思想政治教育工作的成效，并影响到高校育人目标的实现。

（三）阶段性

高校辅导员职业倦怠的发展过程和其他职业一样，有其发展的阶段性，都是一个从无到有、从轻到重的过程。刚开始担任高校辅导员时，饱含对大学生工作的热情，对工作的期待，对自我价值实现的憧憬，但是随着工作年限的增加、工作要求的提高、工作范围的扩大，辅导员的职业倦怠就慢慢凸显出来了，工作热情逐渐下降，倦怠感越来越明显。

（四）层次性

受多种因素的影响，辅导员职业倦怠的程度也不同，有轻有重，表现不尽相同。初级倦怠表现为对工作缺乏激情，对学生不太关心，工作投入不多，敷衍了事等；中级倦怠表现为排斥、恐惧工作，丧失工作的信心，感觉自我价值无法实现；高级倦怠表现为对工作和生活完全丧失信心，对人冷漠，不与人交往，对工作的任何要求都无原因地有强烈的抵触情绪，不愿意配合完成工作。

（五）感染性

高校辅导员职业倦怠具有群体的感染性和传递性，一个高校辅导员对工作产生了疲惫、厌倦、不耐烦的情绪，其他的高校辅导员容易产生从众心理，彼此之间相互影响，从而影响整个学生管理工作系统。

四、高校辅导员工作压力与职业倦怠的成因

（一）职业认同较低，工作积极性受挫

一种职业的自我认同感和社会认同的产生，取决于它的职业声望。当前我国正处于社会转型时期，受市场经济浪潮冲击，高校辅导员或多或少也受到了市场经济的负面影响，一些高校辅导员物质利益强化，急功近利，追求金钱和物质享受，各种不良行为屡屡见诸报端，从而使高校辅导员的职业形象严重受损。虽然高校辅导员是高校教师队伍的重要组成部分，却不登台授课，处于不受重视的地位，得不到学生和教师的尊重。从调查来看，高校辅导员的职业认同、社会认同低于校内认同，校内认同低于国家认同。

（二）社会期望过高，社会支持不对等

高等教育的不断发展与进步，现代网络科技的迅速发展，促使社会文化的多元和深层次发展，作为大学生思想政治教育工作的骨干力量，社会对高校辅导员寄予了非常高的期望。大学生作为高校辅导员的工作对象，跟随时代的脚步也在发生着巨大的变化，在思想上，他们讨厌教师的说教，虽理想远大，但好高骛远，遇到困难容易逃避；在行为上，他们有较强的反抗性，喜欢特立独行，标新立异，对传统和权威表现出不同程度的逆反心理；在品格上，他们性格张扬，对传统思想政治教育工作的认同感下降，缺少谦让的品格，这使大学生思想政治教育工作的变得艰巨而复杂。在当今以学生为本的教育背景下，教育者要以促进学生的全面发展为目标，凡事都要考虑到学生的共性发展与个性特征，要从学生的实际出发，再加上现在的学生个性特征比较强、复杂多变，都给高校辅导员的工作带来了新的机遇和挑战。相对之前的传统教育管理理念，高校辅导员不能再用传统的说教方式进行思想政治教育工作，而是要与时俱进地不断学习、完善，调整自己的知识结构，结合每个学生的性格特点和现实情况，“以学生为本”，采用不同的方式开展思想政治教育工作，因此无形中增加了高校辅导员的工作难度和情感压力。

中共中央、国务院《关于进一步加强和改进大学生思想政治教育的意见》中明确指出：辅导员是大学生思想政治教育的骨干力量，要按照党委的部署有针对性地开展思想政治教育活动，要坚持正确的政治方向，加强思想道德修养，增强社会责任感，成为大学生健康成长的指导者和引路人。从大一新生入校，社会和家长就把教育学生的重担交给高校。家长把孩子送入大学，都想利用这人生最宝贵的三四年，让孩子树立正确的世界观、人生观、价值观，并有所作为。他们把这一希望寄托在与孩子朝夕相处的高校辅导员教师身上，这种来自学生家长的希望和寄托在压力调查问卷中占据了较大的比重。所以，高校辅导员的学识、修养和言行对大学生的健康成长、成才具有深远影响。可见，社会对高校辅导员的育人作用有着殷切期待。

（三）角色定位不清晰，发展渠道不畅通

高校辅导员职责分工体系欠明确，工作职责区分具有随意性。由于目前高校管理服务体系滞后于高等教育的发展和学生的需求，使得高校辅导员承担着多重职责和多种角色，担负着繁多的工作任务，角色泛化。辅导员在日

常的工作中没有相对原则性的规章制度可依据，临时突发的事情层出不穷，在没有可依的规章制度下办事，使得工作无所适从，造成工作中辅导员的责任权利不明确，影响其工作的积极性，也严重影响了学生的思想政治教育工作，给辅导员的工作增添非常大的压力。

高校辅导员的角色模糊表现在角色的特殊性，虽说高校辅导员具有教师和干部的双重身份，既是高校教师队伍的组成部分，又是管理队伍的组成部分，但是不同的人对高校辅导员有着不同的认识和理解。在大学生管理工作中，高校辅导员既是管理者角色，又是服务者角色；既要大胆行使管理的权力，又要小心履行服务的义务。管理要严格，服务要热情，这其中的分寸和度量该如何把握。在这样多重角色的压力下，分管较多不明确的事务，长期积累的厌倦情绪会集中爆发出来，造成一定的职业压力。

（四）心理弹性素质有差异，压力排解能力有差别

心理弹性是个体在面对压力或逆境时，运用内外资源积极应对和调适的过程。不同辅导员个体的心理弹性素质不一样，具有很大的差异。心理弹性素质的不同，使得辅导员在面对职业压力时所表现出的应对态度也不同。在面对职业压力时，高校辅导员需要具有较强的心理承受能力，并且保持较高的心理弹性素质水平，具备较好的心理状态，积极地应对压力，摆脱压力对心理的消极影响，从而保证大学生的思想政治教育工作的顺利进行。所以说，心理弹性素质是影响高校辅导员能否在职业压力下保持良好心理状态的重要因素之一。

高校辅导员在面对相同或相似的压力时，会表现出不同的压力反应。当身处职业压力的环境时，心理弹性素质较强的高校辅导员会积极应对压力，主动寻求社会关系支持等灵活的方法解决问题，使其压力处境得到改善和缓解。心理弹性素质较强比心理弹性素质较弱的人能感受到更多积极的情绪和效能感，他们之间存在一定的差异性。心理弹性素质较弱的高校辅导员通常社会交往能力薄弱，容易低估个人能力，总是看到不利的一面，遇事容易丧失激情和自信，在职业压力中不能寻找良好的缓解、释放的渠道和办法。因此，心理弹性素质的差异性使高校辅导员个体面对职业压力时的体验也明显不同。

一般认为，应对压力从认知、态度和行为三个维度进行，三者之间相互影响、相辅相成。在面对工作中的压力时，高校辅导员需要适时地进行压力

排解，此行为有助于调适高校辅导员的职业压力，用积极的心理情绪将矛盾及时化解。个体在压力排解能力上也有差别，排解能力强的人面对压力时，会充分发挥个体的潜能，表现出不屈不挠、越挫越勇的精神状态；个体压力排解能力相对较弱的辅导员会表现出萎靡不振的消极情绪，抵御能力弱，容易被压力击垮，身体受心理积压会积劳成疾。所以，压力排解能力的差别也是高校辅导员个体应对职业压力的因素之一，由于缺乏足够的心理防卫机制，不能有效地排解个人压力，久而久之，必出现不良情绪。

五、高校辅导员克服工作压力与职业倦怠的对策

（一）营造良好的舆论氛围，提高辅导员的职业认同度

一种职业能否被社会认同，并产生自我认同，主要取决于职业声望。在国家大力倡导高校辅导员要专业化、职业化发展的道路上，高校辅导员由职业压力产生的工作表现，是职业化进程的一个阻碍物。因此，合理有效地缓解高校辅导员的职业压力，是加快高校辅导员职业化进程的必经之路。所以，社会各界舆论应积极引导公众建立对高校辅导员职业的合理期望，营造良好的社会舆论氛围，充分给予高校辅导员工作信任和支持。

高校辅导员是大学生成长成才的指导者和引路人，担负着培养社会主义事业合格建设者和可靠接班人的重任。大学生的思想政治教育是以理想信念教育为核心，以爱国主义教育为重点，弘扬和培育民族精神教育。因此，积极引导高校辅导员走职业化发展道路，提高高校辅导员的职业认同度，使其全身心地投入学生工作，担负起培养社会主义事业建设者和接班人的育人重任。

高校辅导员走职业化的发展道路，应增强高校强辅导员岗位的职业吸引力，培养高校辅导员的事业感、成就感，构建高校辅导员职业的人生价值实现模式，使其产生强烈的职业归属感。如果高校辅导员这一职业能够真正做到职业化、专业化，那么高校辅导员的未来发展、队伍稳定、职业压力等问题就会迎刃而解。高校辅导员的工作得到认同，会缓解从业中的压力。所以，社会媒体应着力加强宣传高校辅导员的育人功能，营造舆论氛围，想方设法地增强高校辅导员的职业吸引力，从制度完善、社会支持、发展空间等长效机制方面强化高校辅导员工作的重要性，使之成为光荣的终身职业，提

高高校辅导员自身的职业认同度，帮助其成长为大学生思想政治教育工作的专家。

（二）完善社会支持体系，增强辅导员的职业自豪感

要调适高校辅导员职业压力问题，社会支持体系能够提供有效的帮助。社会支持体系是一项系统的工程，它包括对高校辅导员的职业发展、经费支持、专业培训、理论研究等几方面。具体涉及的部门较多，如教育部门提供的专业培训和认定细则的支持，政府部门提供的人事编制管理支持，财政部门给予的资金经费支持，对高等教育的投入支持，各类社会科学研究机构提供的理论研究支持等，为调适高校辅导员的职业压力提供多方面的支持和保障。目前，社会对高校辅导员职业支持体系只是初步建立，还需要在专业培训和认定、职业发展等方面进一步细化完善；要更加完善辅导员岗位编制管理，增强高校辅导员的职业认同感，解决其工作中尴尬矛盾的心理；要开展全面的高校辅导员培训工作，提升其理论层次和能力，提高工作实效性；要进一步加强高校辅导员的理论研究与工作实践相衔接，为实际的学生工作提供更有针对性的理论指导理念和方法论的支持。高校辅导员的创新能力能够被有效的支持体系更好地激发出来，不断改善教育的社会大环境，减轻高校辅导员的职业压力，提升其工作的积极性。

随着我国高等教育改革的不断深入，社会要加强思想政治工作重要性的时代化宣传，重视高校辅导员在高校学生育人管理方面的工作和劳动，为广大高校辅导员树立良好的社会形象，提高高校辅导员的社会地位，营造高校辅导员工作的良好社会舆论氛围，使全社会更加关注和支持高校辅导员工作，形成一个共同育人的良好人际氛围，真正构建起社会整体参与的辅导员职业运行保障体系。

高校辅导员是高校教师队伍中从事德育工作的主要一员，其发挥的作用是不可替代的。他们是加强和改进大学生思想政治教育和维护社会稳定的重要保障，关系着高校人才的培养质量。由于社会对高校辅导员的高要求、严标准、高期盼，给高校辅导员增加了更多的职业压力，因此，社会在制定标准时，应对高校辅导员持合理的期望，认识到思想政治教育也不是万能的。同时给予高校辅导员相应的人文关怀，充分利用社会网络和多媒体等各种信息渠道建立高校辅导员信息交流平台，使高校辅导员能有倾诉的空间和载体，借此进行信息交流、分享工作经验、加大高校辅导员队伍内部沟通交流

力度，配备相应的疏导机制，让其可以适当地宣泄一些消极情感，如愤怒、挫折感等。关注高校辅导员的工作和心理健康状况，帮助高校辅导员以轻松的心态应对压力，从而确立更现实的目标，舒缓压力和紧张的情绪。

（三）明确高校辅导员岗位职责

高校辅导员往往身兼数职，既是学生的辅导员，也是学校工作的主要后备军。高校辅导员是高校中被借调概率最高、次数最多的一个职位，往往是哪里需要，就带着本就已经艰巨的工作任务投入另一个工作岗位。“上面千条线，下面一根针”，是辅导员的真实工作写照。高校辅导员日常工作繁重、琐碎，使得高校辅导员几乎没有时间和精力在学生思想政治教育工作和学生管理方面，没有办法深入学生，掌握学生的思想动态和关注点，做起工作来没有针对性和指向性，不能因地制宜、因时制宜，工作的成效不高，容易产生职业倦怠，所以高校要明确辅导员工作的重要性和特殊性，要尽量按编制要求和学生比例配齐、配足辅导员，明确高校辅导员的岗位职责，划定高校辅导员的工作范围，切实减轻高校辅导员的工作强度，将高校辅导员从机械复杂的事务性工作中解放出来，同时协调和理顺学生工作系统各部门内部的关系，协调学生工作系统和学校其他部门之间的关系，明确各部门分工，规范工作流程。只有明确了辅导员工作职责，使高校辅导员清晰地知道自己应该做什么、需要做什么、不需要做什么，把主要的精力和时间放在学生思想政治教育工作上，加强与学生交流沟通，和学生紧密联系在一起，关注学生的思想动态，掌握学生管理工作的规律，科学落实高校思想政治教育工作，才能正确教育和引导大学生。

（四）调整心态，维护情绪健康

高校辅导员作为大学生健康成长的指导者和引路人，要拥有健康的心理，这是构建文明和谐校园的重要内容，也是高校辅导员自身发展的坚实基础。高校辅导员应该积极调整自己的心态，对工作要有清晰的认识，脚踏实地地做好每一项工作。当遇到情绪问题时，自己学会及时调整，摆脱抑郁等不良情绪，保证自己的情绪健康，必要时积极寻求同事、家人的帮助。保持一种健康的心理状态，高校辅导员就能满怀热情、信心满满地开展工作，同时能将这种健康积极的心态影响、感染学生。一个人的心理素质越高，他的适应能力和实践能力就越强，就能在工作中收获更多的内容。高校辅导员长期与年轻一代的大学生打交道，每天面对各种各样的大学生，遇到的问题也是纷繁复杂，如果不能具备良好的心理素质，那么必然无法保证工作质量。高校辅导员只有拥有健康的心理，具备良好的心理素质，才能帮助学生树立正确的世界观、人生观和价值观。因此，维护情绪健康，提高心理承受能力，培养良好的心理素质，才能有效地缓解高校辅导员的职业倦怠现象。

第二章 高校辅导员教育管理精细化研究

第一节 高校大学生思想政治教育工作创新研究

一、当前大学生思想政治教育方法现状

（一）当前大学生思想政治教育方法取得的成绩

1. 科学性增强

在我国社会主义制度自我改革与自主开放的实践中，逐步形成了以毛泽东思想、邓小平理论、“三个代表”重要思想、科学发展观、习近平新时代中国特色社会主义思想为内容的中国特色社会主义理论，这一理论科学回答了中国现阶段社会主义性质、发展目标和发展路径，对我国社会发展的现实和未来具有根本性的指导作用。这一理论在明确我国改革开放的社会主义性质的同时，也明确了思想政治教育在当代改革开放中坚持社会主义的正确方向，保证党的领导的根本任务。特别是其中关于思想政治教育加强与改进的一系列思想，更是把思想政治教育及其方法的发展带入了科学发展的快车道。

2. 现代化发展趋势增强

传统思想政治教育主要是通过实践锻炼、理论教育等方式提高教育对象的思想道德水平的，在这里教育者和教育对象之间是一种面对面的交流，并需要一定的时间、空间和人力物力来保证。20 世纪 80 年代以来，信息技术

革命以前所未有的速度向前发展，包括虚拟网络技术等为主要标志的新技术革命，使人类迈入一个全新的、复杂而综合的信息系统世界。网络的快速发展为思想政治教育手段的更新准备了先进的技术条件。这就是教育对象接收的信息不再来自教育者面授耳传的、单向的、唯一的渠道，而是要受各种混杂信息的综合影响，促使教育对象必须在选择中学习，在学习中选择。现代信息技术发展的实质是对信息认识、信息处理和信息传播方式的变革，它带来的不仅仅是一种科学技术上的进步，还是社会的全面信息化的进化，这种进化导致生产方式、生活方式、认识方式发生了极为深刻的变革。这也使思想政治教育方法都进行了前所未有的信息化转变，不仅促进了思想政治教育方法的完善与创新，也必然推动其方法理论的现代化发展。

现代信息网络技术的出现及快速发展在为思想政治教育方法的发展创造有利条件的同时，也使网络教育法日益成为当前思想政治教育方法的重要组成部分。通过使用独特的信息网络技术和工具，高校能够利用其不受时间和空间所限制的技术手段，让各种形式的教育资源和信息为教育者所用，并兼具真实性和及时性等多种优点，开展丰富多样的思想政治教育活动，这就较传统的思想政治教育方式效率更高、效果更好。相比以往的各种传统教育方式，当前的各种现代化教育方式更能体现教育的现实性和及时性的。

此外，新时期的教育者还可以利用多种现代信息传播手段，通过网络视频、热线服务、心理咨询、邮箱、QQ、微博和微信等各种现代化技术平台，对学生进行各种不同于传统教育方式的、充分体现现代性特点的思想政治教育，可以充分利用微信教育平台，针对学生感兴趣的一些时事热点等，及时地给他们发送一些教育信息，以此影响和引导学生的思想观念；也可以利用微信，有针对性地加强对个别学生的思想政治教育工作，效果也非常明显。为此，教育者需要努力掌握和运用现代信息技术，积极促进教育方式的现代化，并及时地收集反馈信息。由于传统思想政治教育手段和载体主要有赖于有形的纸质文件或书籍，通过言传的教育活动进行教育，需要教育者反复观察和收集信息才能获取反馈信息。而随着现代信息技术的发展，思想政治教育采用了数字化、虚拟化、快速化的现代网络和电视传媒等集思想性、娱乐性、便捷性于一体的现代化手段，教育反馈也更加直接化和快速化。比如，网络思想政治教育就可以通过 QQ、微信等方式及时地获取教育反馈信息，这就需要教育者及时地做出调整，尽可能地做到快速反馈。大学生思想政治教育方法也正是通过这些现代化的教育载体凸显着其现代化的发展趋势。

3. 对相关学科方法的借鉴增多

当代社会的一个突出特点就是向世界的开放。开放不仅打破了新中国成立以来与世界长期隔绝和封闭的防线，更重要的是在人们的心中建立了与世界各国进行文化交流和经济交往的主动意识。在这样的社会条件下，一方面，思想政治教育面临前所未有的挑战，使我国社会主义主导意识形态面临西方资本主义国家意识形态的冲击，使思想政治教育面临诸多的困难；另一方面，这样的社会条件也给思想政治教育方法的发展提供了有利条件，即用海纳百川的胸怀，学习、研究、借鉴世界各国的思想政治教育理论和经验，研究其具体而有效的做法，为我国当代思想政治教育方法的发展注入新的元素，增添新的活力。

随着现代科学和技术的发展，各个学科之间的联系日益紧密，不断产生新的理论和方法。一切自然科学和人文科学涉及人的理论不但丰富多样，而且发展十分迅速，这就决定了思想政治教育方法的发展必然随着自然科学和社会科学的理论与方法的发展而不断地发展，必然是在马克思主义主导下的多元学科方法的融合发展。思想政治教育方法发展的未来走向，必然是以马克思主义为主导，吸收和借鉴相关科学理论和方法，形成多元学科方法融合发展的趋势。

首先，现代科技的发展为当代各种不同学科的发展和形成一个有机整体提供了可能。回溯人类科学的发展和认识论的发展，科学发展存在不断分化和不断融合两种趋势。20 世纪 70 年代以来，以微电子技术学为核心，新兴的技术群和学科领域出现了巨大变革与融合发展趋势，包括信息科学和技术、新能源技术、新材料科学、生物学和海洋学的突飞猛进。这些学科既日益分化又日益融合，形成了复杂性科学的方法论体系，不仅为当今的信息技术科学、计算机科学等科学的发展提供了方法论支撑，也为思想政治教育方法论的发展提供了新的借鉴。所以，现代科学技术的日益综合化也为思想政治教育方法融合发展提供了新的借鉴。

其次，综观思想政治教育的知识体系，它是一个多学科的概念、功能、方法在思想政治教育学中的融合借鉴。各门学科对思想政治教育领域的渗透与联系越来越紧密，对其教育方法的发展也是越来越重要。从思想政治教育方法自身发展来说，也需要吸纳其他学科的方法，才能获得不断创新和发展的不竭动力，否则就会成为无水之源。这些相关学科的理论和方法都进入了思想政治教育理论研究和学习借鉴的视野，在形成基于规律性理论来进行教育方法的改进和创新探索的理性观念的同时，极大地开拓了思想政治教育工作者和研究者的眼界。对如何在相对自由和开放的市场经济环境中转变观念，创设何种思想政治教育方法才能与之相适应，产生了不可替代的思想启发和方法借鉴的作用。特别是由社会的开放性所营造的开放包容的社会环境和氛围，更为思想政治教育者大胆学习和借鉴国外的有益经验，并真正应用于教育实践之中，创造了良好的社会支持条件，这也正推动着我国当代思想政治教育方法以世界的眼光，博采众长、吸取精华，以超越自身局限的开放式姿态，迈入跨越式发展的阶段。

（二）当前大学生思想政治教育方法存在的问题

1. 传统教育方法与现代教育方法未能实现有机结合

首先，教育者重传统、轻现代和重现代、轻传统现象并存。传统的思想政治教育方法通常被列为基本方法或一般方法，主要是指包括理论灌输法和实践教育法等方法在内的、被实践证明为科学的方法的总称。现代思想政治教育方法一般被称为特殊方法或增效方法，主要是指网络教育法、心理咨询法等多种新的教育方法。无论是传统教育方法还是现代教育方法，其自身都具有各自的长处和短处，它们之间应该相互补充，在教育过程中共同发挥作用。但在当前，大学生思想政治教育过程中普遍存在着两种极端的倾向。一是惯用传统方法，对现代方法运用得不够充分。教育者从主观上只认可灌输教育法、理论教育法和批评教育法等一些传统方法，很少甚至排斥现代思想政治教育方法的运用，使大学生思想政治教育形成了单一化、空对空、说教式的模式，严重影响着思想政治教育工作的成效。二是过度应用现代方法，使传统方法的主导地位日益受到排挤。当前的大学生思想政治教育过程中确实存在着现代思想政治教育方法具有一定优势的现象，如网络教育法在虚拟的网络环境进行思想政治教育的优势比较明显，心理疏导法在解决大学生个人心理和人际交往等问题上优势比较明显。但需要特别指出的是，向大学生传授和灌输一定的思想理论与道德规范才是大学生思想政治教育的本质意义，其目的是培养和提高大学生的各方面素质，使其成为社会需要的有用人才。而在大学生思想政治教育过程中，如果教育者不注重其教育目的和教育实质所在，没有发挥传统教育方法的导向作用，只是过度使用所谓的现代教育方法，思想政治教育的本质功能就得不到充分实现。

其次，个别大学生盲目排斥传统教育方法。因受当前社会环境等多方面的影响，当代个别大学生表现出特有的思想和行为特点，他们的自主意识和独立意识增强，思维活跃，易于并乐于接受新鲜事物。但他们正确的“三观”并未完全形成，在对待大学生思想政治教育方法的接受选择上，往往会表现出盲目地排斥传统、崇尚现代，认为只要是传统的就该摒弃，现代的就该提倡，只要形式多样，不要内容突出，只看过程，不重结果。以致一些教育者只从学生的片面需求出发，在教育方法的选择和运用过程中过度使用现代教育方法，片面强调新颖化和形式化，而盲目地排斥传统教育方法，从而淡化甚至削弱了思想政治教育方法的科学性。

2.方法的实施缺乏可操作的规范和指导

大学生思想政治教育方法的真正价值和意义在于落实到实施过程中，并能发挥较好的实际效果，能够做到拿之即用、用之有效。因而，大学生思想政治教育方法的客观实施效果应该是我们关注的焦点。但从各高校的实际层面来看，一些新方法、新举措、新主张在实施层面上还存在很多缺陷和不足，主要表现在大学生思想政治教育方法的实施过程中缺乏可操作的规范和指导。在大学生思想政治教育方法体系中包含着不同层次且差异显著的诸多具体方法，运用和实施这些方法的基本前提是能够透彻理解和把握这些方法体系，并能熟练掌握每一种具体方法在实施过程中的应用范围、必要条件和注意事项。但长期以来，在实际教育过程中，很多教育者虽然能熟知各种方法的内涵、外延及其方法论层次，但对如何实施这一方法和最大限度地发挥这一方法的实效，缺乏必要的和具有操作性的规范及指导，以致出现教育者“满脑方法，却无从下手”的尴尬现象。由于方法在实施层面的这些限制，使得许多大学生思想政治教育方法成为只是停留在理论层面的概念或假设，而不是现实可行的实施举措。

由于传统教育方法缺乏生机，无法体现以人为本，大学生不太愿意接受。大学生作为受教育者，作为思想政治教育的主体，对实践教育法、情感教育法及网络教育法和综合教育法等现代教育方法相当认可，但对其实施效果不太满意。现代教育方法充分体现了“以学生为本”的教育宗旨，为进一步提高大学生思想政治教育的实效性，教育者一定要尽力克服不利因素的影响，坚持以人为本思想为指导，切实加强对现代教育方法的运用和人本化创新。

3.尚未形成完善的大学生思想政治教育方法体系

大学生思想政治教育方法作为思想政治教育方法的一个重要组成部分，是思想政治教育方法对大学生这一特殊群体应用时而使用的特定方法，在理论基础和方法体系上完全依托于思想政治教育方法论的相关内容。从目前学术界的研究情况来看，思想政治教育方法论已形成了自身完备的理论基础和体系框架，但在关于大学生思想政治教育方法的研究方面存在着两种不同的路径。一种是重视方法论的研究，只从宏观上关注理论基础和方法的体系化、全面化建设，对具体方法研究不够，对各类方法在方法体系中的地位及其相互关系缺乏必要的厘清，特别是对马克思主义思想政治教育方法的地位及实施要求有待确认；另一种是重视具体方法的研究，却缺乏理论概括，而且很多研究或经验的总结不具备普遍适用性，或是涉及面不够全面。目前的大学生思想政治教育方法在结构和内容上还存在很多问题，突出表现在理论性过强，不实用，脱离学生实际；呆板、生硬，缺乏生机，没体现“人情味”；一些借鉴其他学科而来的方法专业性过强，缺少衔接性的理论和实际指导。总之，目前尚未形成一个可以适用于大学生这一特定群体的、完善而有效的思想政治教育方法体系。

二、高校大学生思想政治教育工作创新对策

（一）树立“三全”的育人理念

“三全”的育人理念即新时代高校大学生思想政治教育工作要实现全程、全员、全方位育人。高校开展大学生思想政治教育工作要坚持把德育寓于各个专业学科教学的全过程，不仅要依靠专业的思想政治理论课程，更要发挥其他专业学科的育人功能，在传授知识的同时与学生的世界观、人生观、价值观相结合，使知识真正转化为大学生的实际行动；高校党委要把育人的工作理念贯彻落实到各级党委中，包括院党委、系党委及基层党组织都要充分发挥党的引领榜样作用；高校教师应以身作则，不仅要做学生的“知识摇篮”，更要做学生思想上的知己；高校辅导员应时刻关注学生的思想及生活动态，及时地给予心理疏导和帮助。高校应意识到学生的教育不仅是学校的责任，更需要与家庭教育协助配合，通过家校合作促进学生良好发展，同时不能忽视社会教育的影响，要提高学生明辨是非、善恶的能力，避免社会不良因素侵害学生的身心健康，从而保证全方位育人的顺利实现。

（二）以大学生全面发展为目标开展思想政治教育

大学生综合素质包括思想道德素质、科学文化素质和身体健康素质等几个方面。第一，思想道德素质包括思想素质、政治素质和道德素质。思想素质指世界观、人生观、价值观等；政治素质指理想信念、政治觉悟、民主与法治意识等；道德素质指道德认识、道德情操、道德品质等。第二，科学文化素质包括科学素质和文化素质。科学素质指科学知识、科学思想、科学方法和科学精神等；文化素质指文化知识、文化素养和社会文化生活能力等。第三，身体健康素质包括身体素质和心理素质等。心理素质指认知素质、情感素质和人格素质。高校要加强对学生的心理健康教育与指导，帮助学生养成良好的道德品质，经常开展谈心活动，引导学生养成良好的心理品质和自尊、自爱、自律、自强的优良品格，增强学生克服困难、经受考验、承受挫折的能力，有针对性地帮助学生处理好学习成才、择业交友、健康生活等方面的具体问题，提高学生的思想认识和精神境界；开设心理健康教育课程，举办普及性讲座，开展个别咨询与团体辅导活动，及时发现并协助有关部门处理学生由于心理疾患而导致的各种问题，防止因学生心理问题而引发恶性事件。

大学生综合素质的几个方面相互依存、相互渗透，具有密切的内在联系。当代大学生的成长成才、全面发展就是这几个方面的整体提高，哪一方面都不可或缺，都要得到发展。有知识，没有品德不行；有奉献精神，没有能力不行；有知识有品德，没有健康不行。俗话说："有德有才是正品，有德无才是次品，无德有才是危险品，无德无才是废品。"这较为形象地表述了德与才或综合素质几个方面的关系。素质教育面向全体学生，以人为本，把满足人的发展需要、提高人的素质、促进人的全面发展作为根本出发点和落脚点。高校要积极开展和研究有利于大学生全面发展的素质教育，引导学生勤于学习、善于创造、甘于奉献，达到顺应时代发展要求和实现自身价值追求的思想道德素质、科学文化素质、身体健康素质协调发展，成为有理想、有道德、有文化、有纪律的全面发展的社会主义事业建设者和接班人。

（三）与学生开展谈心活动

要教育学生必先了解学生，了解他们的知识结构、思想水平；了解他们的思维方式、思维习惯；了解他们的世界观、人生观、价值观的形成状况及取向；了解他们的困惑及在学习生活中的困难；了解他们的个性、爱好、兴趣等。为此，辅导员要通过个别谈心、座谈、参加学生活动、阅读学生的心得体会等多种方式，深入课堂、深入宿舍、深入学生，用心去体察感受他们的需要、渴求，了解他们的心理及活动状况，发现他们的特长和缺点，引导学生把自身的积极因素生长、放大，以克服自身的消极因素。

思想政治教育能否取得实际效果，很重要的一点是针对不同的人和不同的思想问题因人施教。大学生由于家庭背景、地域差异、生活条件的不同，在学习生活中会遇到这样那样的问题，个性差异也会非常明显。在这种情况下，高校辅导员要特别重视坚持“一把钥匙开一把锁”的原则，针对不同学生、具体问题开展深入细致的思想政治教育工作。这就要求高校辅导员深入学生，通过谈心了解学生，帮助学生解决问题。开展深入细致的思想政治教育工作，广泛进行谈心活动是一种有效的方式，谈心是摸清情况，主动熟悉和掌握大学生的思想和心理特征，对每个学生的情况了如指掌，工作起来有的放矢，及时有效；谈心也是交心，更是教育，“感人心者，莫先乎情”，做到既有情感中的教育，又有教育中的情感。高校辅导员要带着感情去教育引导学生，要关爱学生、信任学生，做学生的良师益友，对学生倾注满腔热情，把他们当作自己的亲人来看待，全心全意地为学生服务，真心实意地热爱和关心每一个学生，仔细聆听他们的心声，耐心地开导他们，做一名倾听者和解惑者。

辅导员设身处地为学生着想，把爱洒向每一个学生的心田，用爱心感化学生，以情感人，这会给学生以可亲可敬之感，也会对学生产生示范作用，学生才会更好地理解、支持、配合高校辅导员的工作。高校辅导员贴近学生、了解学生、尊重学生，才能提高思想政治教育工作的针对性、亲和力和吸引力，还要乐于与学生打交道，乐于帮助学生解决发展中遇到的各种问题，成为学生可以信赖的知心朋友。

第二节　信息化技术对高校辅导员教育管理工作的助力

一、信息化技术助力高校辅导员工作精细化的重要性

（一）教育信息化的重要性

教育信息化是落实国家战略决策的重要举措，学生教育管理信息化是高校教育信息化中最重要的一环。

随着信息技术的迅猛发展，教育信息化已经成为世界各国高校的共识。世界各国普遍意识到教育信息化在提高国民素质和增强国家创新能力方面的重要作用。

现阶段，我国高等教育的改革和发展面临着前所未有的挑战与机遇。一方面，我国高等教育经历高校扩招以后，已由精英化教育转向大众化教育，高校的招生规模不断扩大，在校人数急剧增加。2021 年底，我国高校在校学生人数已超过 4430 万人。随着在校大学生规模的扩大，资源紧张的矛盾日益凸显，进行高校信息化建设有助于提高高校的教学、管理及科研等工作的效率，通过信息化带动高等教育现代化，能够有效地破解制约我国高等教育发展的难题。

高校大学生教育管理信息化是高校信息化的重要一环，有助于对大学生进行定量化服务管理，助力高校辅导员工作的精细化，能够增强大学生教育管理的针对性和实效性，保障大学生教育管理和服务的质量。因此，实施高校大学生教育管理信息化是落实国家战略决策的重要举措。

（二）教育管理信息化助力提高辅导员工作效率的体现

大学生的日常教育管理工作繁杂而琐碎。以大学生的基本信息收集为例，该项工作是高校辅导员最基础的工作，高校辅导员收集到的相关信息越详细、越真实，就越能掌握学生的情况，进而有利于辅导员工作的开展。通常，高校辅导员会将学生的相关信息记录在电子文档或表格中。学生的相关信息包括基本入学信息、相关科目的成绩信息、党团关系信息、历年获奖信

息等。由于这些信息来自不同的部门，加上信息量大，信息格式不同，高校辅导员很难将学生的所有相关信息统计在同一个电子文档或表格中。当分布在不同电子表格中的同一信息需要修改时，高校辅导员要对电子文档逐个修改，既麻烦又容易出错。

每学期开学时，学校的学生工作部都会让辅导员统计学生的相关信息，这些信息包括所带学生总数、男生人数、女生人数、上学年学生干部人数、少数民族人数、少数民族党员人数、挂科一门的人数、挂科两门的人数、挂科三门及以上的人数、发表论文学生人数、参与课题人数、参与创新计划人数、参与实践及志愿服务人数、参与社团人数、有学习障碍及厌学学生人数、学习成绩突变的学生人数、经常缺课的学生人数、获奖学生人数、学业预警人数、因学习困难被降级人数、交入党申请书人数、参加党校培训人数、党员人数、预备党员人数、入党积极分子人数、贫困生人数、特困生人数、孤儿人数、出身于单亲家庭人数、学生家庭变故人数、有网瘾学生人数、有小说瘾学生人数、残障学生人数、其他需要重点关注的学生人数、被处分学生人数（包括院级处分人数、被学校处分的学生人数）、开除学籍人数、取消入学资格人数、自愿退学人数、转（专业）入人数、转（专业）出人数、接收降级人数、不在校住宿人数、有电脑学生人数、贷款学生人数、欠费学生人数、参与出国交流项目及参观人数、经常晚归的学生人数、经常酗酒的学生人数、常参加经商与中介活动的学生人数、勤工助学的人数、参加生涯规划的人数、参与专业职业咨询及培训学生的人数、准备考研的人数、准备就业的人数、准备出国的人数、参与创业培训的学生人数、创业筹备的学生人数、创业项目进入孵化器或加速器的学生人数、团队创业的学生人数、休学创业的学生人数、已有注册公司的学生人数、准备参军人数、上学期辅导员与家长联系次数、上学期辅导员与任课教师联系次数。

在统计这些数据和分析这些字段的特点之前，首先要明确，高校辅导员统计这些数据、字段无外乎两个目的：一是学校要掌握全校学生的整体情况，这要求高校辅导员能够提供第一手与学生相关的所有资料；二是通过要求高校辅导员统计这些和学生相关的重要信息，让高校辅导员对学生情况有充分的了解和掌握，进而采取具体的措施，开展相关的工作。这样做的目的是让高校辅导员平时就关注这些数据，而不是为了统计而统计。

这些需要统计的数据、字段的特点表现在以下几方面。

第一，需要统计的字段的信息非常多，信息量非常大。这里只列出了其中的一部分，有些字段在这里没有罗列出来。大部分的信息需要高校辅导员平时及时关注和统计，而不是为了在短时间内完成学校下达的任务。统计的工作量很大，高校辅导员不能保证统计信息完全准确。

第二，相同字段的不同统计方法，可以体现出高校辅导员的主观能动性、把握学生工作关键环节的能力及工作的方式和方法。学生工作部一般在每个学期开学初的前三周要求统计这些数据。以统计挂科人数为例，高校辅导员采用的统计方法大概有四种：①寒暑假期间，到学校的教务处网站下载开学初需要参加补考的学生信息电子表格，将电子表格中自己所带的需要补考的学生名单及需要补考的科目等信息记录下来；②到教务处网站下载需要补考的学生信息，然后按照统计字段的要求来统计挂科人数；③将所有要统计的信息发给各班的班长，让班长到班上统计相关信息，然后汇总给辅导员；④认定学校不会去确认核对，所以应付了事，数据按照自己估计的写。

采用第一种方法的高校辅导员善于动脑筋，注意工作方法，具有主观能动性，把握住了学生工作中的关键环节，并对关键环节进行了精细化的处理。采用第二种方法的高校辅导员善于思考，并注意工作方法，统计的数据也准确，但缺乏主观能动性，没有抓住学生工作的核心环节。统计数据只是手段，真正了解学生情况，采取应对措施才是目的，这才是高校辅导员要真正关心和花精力去做的事情。采用第三种方法的高校辅导员不注重方法，缺乏能动意识，为了工作而工作，让班干部去询问这些信息，既有可能导致信息收集不准确，也有可能会挫伤某些同学的自尊心，特别是有些对成绩比较敏感的学生，不愿意在同学面前暴露自己挂科的事实。这种统计方式会让某些挂科的学生产生心理阴影。相对敏感的数据需要高校辅导员自己收集掌握。采用第四种方法的高校辅导员，基本上是应付了事。仅以统计学生挂科情况为例，不同的统计方法和应对措施可以体现出一个高校辅导员的工作方法、工作能力和工作态度。因此，在高校辅导员队伍专业化发展过程中，建立一套合理的辅导员工作质量科学评价体系，在定性和定量指标间取得平衡，依然有很长的路要走。

第三，理论上通过这种方式统计出来的大部分信息是不够准确的，这可以通过实践来验证。仅以人数的统计为例，可以看一个学年内的上、下学期全院或专业人数统计的数据，如果两次统计的总人数与男女生人数相差较大，就说明统计的信息不准确。另外，可以将统计的全院人数或专业总人数和男女生人数与教务系统中的数据进行比较，如果有差别，就说明统计数据有问题。如果统计出来的全院人数或专业总人数和男女生总人数都有明显的误差，那么其他不容易掌握或者统计的字段的数据就更不真实了。理性分析可知，统计数据出现误差无外乎两种可能：一种是主观因素，另一种是客观因素。

忽略主观因素的情况下，即假设每个高校辅导员都有主观能动性，都会注意工作方式，认真统计每个字段，那么这种情况下统计出来的信息是否能够保持准确。

目前，大部分高校没有学生教育管理信息系统，高校辅导员日常办公基本上处于电子化办公阶段，采用电子文档或者电子表格来保存学生的信息数据。这种无纸化办公方式给工作带来了方便，但也存在一系列的问题。①效率较低，容易出错。高校辅导员一般将要保存的相关信息保存在不同的文档中，这些不同的文档无法实现数据关联和数据共享，某个学生的数据变更，相关文档中的数据都要逐个进行修改。因此，效率较低，而且非常容易出错。如果某个文档中的数据没有修改，那么以后统计的时候，这个数据就是不准确的。而学生的数据是动态变化的，如学生的降级、学生提前毕业，辅导员要打开不同的文档修改数据，才能保证数据的准确性。②难以进行统计分析。这种数据的保存或者更改是单向的，是辅导员主动修改或者学生将信息告知辅导员来修改，既不能保证学生的真实数据都被收集到，也难以按照变化的字段需求来统计数据。③存在数据安全问题。这里包括两层含义：一是如果数据不小心被删除，很难恢复，也容易发生一些不易被发现的错误操作，造成数据错误；二是如果有些敏感数据外泄，也会引起安全问题。

如果有高校学生教育管理信息系统，通过建立基础数据库，既能保证数据的安全可靠，提高效率，保证数据的插入、删除、查询及更改等基本操作能实时更新，又能够在基础数据上进行分析统计，甚至预测某种趋势。因此，学生教育管理信息系统可以使高校辅导员从琐碎的日常学生信息统计工作中解放出来，既能保证数据的准确性，又能提高工作效率。高校辅导员将有更多的时间用于数据分析，找出那些可能在学习上或者生活上需要帮助的学生，并采取相应的措施，而不是把时间耗费在统计数据上。

（三）高校信息化存在的问题

总体来说，高校信息化水平仍然较低，特别是教育管理信息化水平基本

上处于电子校园阶段。各个高校都有自己的门户网站，负责高校的对外宣传及一些校内外通知等，校内的大多数部门除了利用门户网站的相关链接，还利用管理信息系统负责自己部门的信息化管理。与学生教育管理相关的部门包括学生工作部、教务处、招生就业处等，这些部门有的有自己的管理信息系统。然而，这些部门之间的信息不能共享，高校辅导员无法直接访问这些数据。因此，很多需要统计保存的数据无法从这些系统中得出，高校辅导员工作所需要的相关信息依然处在电子化办公阶段，图 2-1 形象地对该问题进行了描述。高校的学生教育管理主要包括两个层级，一级是学院层级的高校辅导员教育管理，另一级是学校的学生工作部。而目前大部分高校没有将学院一级的高校辅导员学生教育管理系统和学生部一级的学生教育管理系统进行整合。学生相关信息的收集主要采用电子文档、电子表格等办公软件进行人工统计，不仅效率低，也极容易出错。相关数据的收集统计占用了辅导员大量的时间，效率不高，导致高校辅导员的工作热情降低。

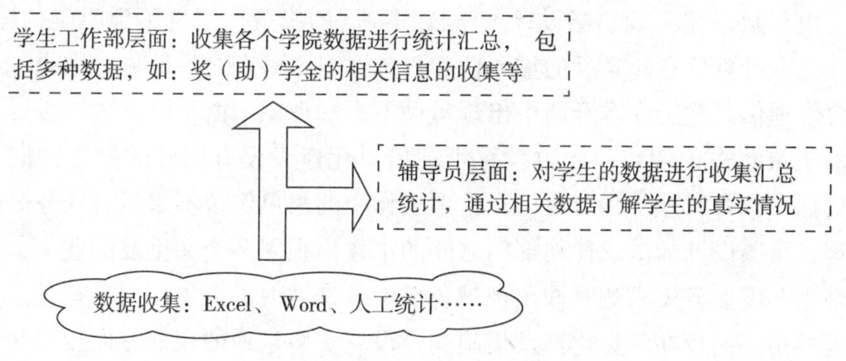

图 2-1　学生教育管理数据收集示意

通过以上高校信息化助力辅导员工作精细化的重要性分析可知，构建高校学生教育管理信息系统有助于提高高校辅导员工作的效率，提高高校辅导员的教育管理水平，减少人工产生的错误，增加数据的安全性和准确性，从而助力高校辅导员精细化管理。

二、高校学生教育管理信息化现状

（一）教育管理信息化缺乏顶层设计

做好教育信息化工作需要有大局意识，国家对教育信息化的高度重视就要求高校要研究制定推进教育信息化的方案，做好顶层设计，充分体现科学性、先进性、可行性，发挥教育信息化的引领作用。

部分高校的教育管理信息化只是做到了表面的信息化，而各职能部门之间、二级院系内部等存在着很严重的信息交换不畅通及数据共享受阻，出现信息化管理系统重复建设、信息孤岛严重等现象。另外，有部分高校的二级学院在整个教育管理信息化的建设中参与热情不高，导致教育管理信息化工作在学院中的推进不是很顺利。这主要反映在各职能部门之间业务交叉重复，各自的职责和分工不明确，部门之间缺乏紧密合作，对学校的相关工作的贯彻力度不够。出现这种局面的原因与教育管理信息化的建设缺乏自上而下的顶层设计有很大的关系，如何做到全校、全市、全省甚至全国、全社会的信息互联互动、数据共享兼容，避免信息孤岛、重复建设的问题，如何处理好整体与局部、全面与重点、当前与长远、规模与效益这四者的关系，这就需要做好顶层设计，加强领导层面统筹规划，发挥政府主导作用。

由于缺乏完善的顶层设计，学校领导层的决策作用得不到明确的体现，所以教育管理信息化建设的重要性和权威性得不到有力的保障，结果就造成教育管理信息化工作在开展中出现贯彻不力的现象；由于缺乏顶层设计，学校的决策意志不明确，导致教育管理信息化建设没有明确的推进方向和建设目标，教育管理部门对自己在这项工作中的角色定位不清晰、任务分配不合理；顶层设计的缺乏使得部门之间的工作出现很多交叉重复的业务，导致在师生办理业务需求的时候出现被各部门推来推去的现象；由于缺乏系统的统筹规划，高校在信息化基础设施的建设、实验场地的规划方面没有考虑长远，出现各种设施随想随建、随换随拆的局面，资源浪费现象严重。可见，没有完善的顶层设计，教育管理信息化在全校的建设和推行中就会遇到很多的阻碍。

（二）教职工参与高校教育信息化建设的能力较弱

高校教育管理信息化建设的意义在于从根本上解决管理难的问题，从而提升整个教育管理的服务水平和治理水平，从这一角度来解析，高校所有学生、教职工不仅是教育管理信息化的受益者，更是高校教育管理信息化建设工作不可或缺的直接参与者。相比传统的教学管理方法甚至后来的单机型、网络化的管理模式来说，现代化、信息化、科学化、智慧化的教育管理模式对教职员工的综合素质能力提出了更高的要求。所以，当前我国高校教育管理信息化推进过程受到阻碍和制约也跟部分高校全体教职员工参与教育管理信息化建设能力相对薄弱有很大的关系。

信息技术在不断地更新换代，高校也在不断地探索新的发展道路，但是人员的更新换代若跟不上时代的步伐和科学技术的创新，就会出现教学管理队伍在学历背景、知识结构和技术能力方面与高校教育管理信息化建设的要求之间的“代沟”。其主要表现为：首先，部分教师受传统教育教学思想的影响而对现代教育教学思想的理解不够透彻；其次，部分教师对管理科学和信息科学的掌握不够熟练；最后，部分教师的信息意识和对信息技术的应用能力比较薄弱，高校教育信息化管理系统的使用对他们来讲更是难上加难。

（三）高校教育管理信息化建设制度不完善

在信息化的建设中，高校教育信息化管理制度的建设是保障，高校教育信息化管理系统的建设也需要有相关制度的规范和制约。教育信息化的号角吹响之后，各高校纷纷加入教育信息化建设的工作中来，创建了各级、各类的信息化管理系统，但是，与各类系统相关的信息制度建设没有跟上，致使各类系统对于数据的处理出现差异，同时导致了系统运行存在随意性和盲目使用的不规范现象。比如，由于各业务部门数据输入的不及时，会导致业务办理频繁受阻，系统正常运行工作无法保证，就会出现数据被损坏或数据虚假的情况，不符合教育管理信息化中对数据真实性、规范性的要求，直接影响了教育管理信息系统的运行效果。

高校教育信息化的管理制度是使信息化管理系统正常运行和有效应用、推广的保证。从高校教育信息化的发展现状来看，各校在信息化管理方面都有一些初步制度，但是缺乏系统性。从教育管理信息化的管理内容上来看，缺乏科学、规范、合理、全面的方法。对信息化管理系统的管理包括硬件和软件两个方面，目前，教育管理信息化制度的制定更偏向于硬件和网络方面，而忽视了对网络流程管理、网络资源内容的管理及软件的管理，现有的管理制度无法科学、全面地涵盖教育管理信息系统中的各项管理工作，这就使得信息化管理出现了漏洞。另外，当前的教育管理信息化在管理制度上流于形式，部分高校的信息化管理制度只是为应付相关的检查，或者成为项目建设档案而保存起来，导致教育管理信息化的管理制度成为形式，而没有起到对违反制度的相关人员和行为采取约束和惩戒的作用，影响了教育管理信息化工作的权威性，不利于整个信息化工作的深入开展。

从高校教育管理信息系统本身来看，将系统运行的技术看作微观面，信息化系统最终的运行基础就是数据信息的编码规则，也就是数据要做到标准化和规范化，这种编码规则要易于理解和记忆，要体现实用性并具有适当的可扩展性。但是部分高校在各信息化管理系统正式运行前，缺乏对数据信息进行统一、标准的编码，所以系统在运行的过程中因为大量的教育数据不能进行统一、规范的标准化处理，系统在经过一段时间的运行后就会出现数据格式混乱、内容含义表达不清楚等问题，导致没有办法对数据进行下一步的分析，基础数据利用率低下。从系统宏观方面看，由于欠缺完善的制度及整体统筹，无法对系统运行进行约束和规范，不可避免地造成了系统运行的相对随意性，这样的系统运行中数据的真实性和合法性受到了破坏，违背了教育管理信息化建设要达到真实性的要求，同时相关制度的不完善也对教育管理信息化建设的规范实施造成了不好的影响。

（四）高校教育管理信息化建设“重管理轻服务”

随着高校办学规模越来越庞大，学校行政管理部门人员的工作强度增大、工作压力急剧增加，导致很多高校在教育管理信息化建设过程中过度地关注怎样利用信息技术或各类信息化管理系统最大限度地完成各类业务。从管理人员的立场来看，这样的做法没有多大的问题；相反，由于大幅度地减轻了管理人员的工作负荷，这样的初衷还是好的。但是，教育管理信息化的发展不仅仅是要减轻管理人员的压力，更是为广大的教师群体和学生群体服务，使他们能从教育管理信息化的建设成果中受益。如果教育管理信息化的受益方仅集中于高校的教学管理人员，那么教育管理信息化的建设意义就不是很大了，也会导致高校教育管理信息化的建设层次相对低下。由于当前各类信息化管理系统的设计更多地偏向于如何解决管理问题，而很少考虑到广大教师和学生的学习、工作和生活需求方面，所以在大多数高校中，教师除了简单地利用信息化管理系统进行一些基础性的工作，如课表查询、网上调换课、学生成绩录入之外，缺少充分的网上备课、网上与学生的交流互动，或者就一些重要或有争议的问题与其他教师进行讨论及教学资源的相互共享和教学效果的相互评价等的功能与服务。就学生而言，利用信息系统进行网上选课、网上下载、查看课表、网上报名、网上查询成绩及网上评教等与教学紧密相关的功能之外，其他学业事务的在线预约办理、成绩单和学生证明

等的打印，以及对自己学习进程的查看，或者对整个学业周期的把握等相对人性化的服务功能在目前大部分高校的信息化管理系统中还是比较少见的。另外，也存在一些管理人员思想定位不明确，没有将自己放在“服务者”的岗位上，在业务办理中为寻求自己工作方便而给师生造成诸多不便。尤其是对学生，行政人员往往用命令替代指导，用指使替代帮助，给学生带来消极影响。行政管理人员除了要处理复杂的行政事务，还要考虑自己的工作晋升及职称的评选，繁重的业务加上对自身职责的不明确，忽视了对师生的服务意识。

三、高校学生教育管理系统的构建

高校学生教育管理信息系统一定要符合辅导员日常教育管理的实际需要，系统后台的业务逻辑一定要符合辅导员的工作要求，前台的操作要简单方便。在系统的设计开发过程中，设计人员一定要和辅导员、高校学生工作部的管理人员多沟通交流，最好有既熟悉学生教育管理工作又能够进行系统开发的人员参与其中，这样才能确保设计开发出来的管理信息系统能够满足要求，方便辅导员开展工作，助力辅导员工作精细化。相较于使用电子文档或表格等电子化办公（电子校园时代），数字化的学生教育管理信息系统（数字校园时代）的最大优点是数据统一保存在系统数据库中。数据库可以消除冗余数据和错误数据，做到一改全改，方便高校辅导员和学生对有权限的相关信息的查询、插入、删除及修改等操作。整个学生教育管理信息系统的操作示意图如图 2–2 所示。图中学生的基础数据、成绩数据、活动数据、就业数据等按照逻辑关系形成多张表格，并以一定的范式要求构成了学生管理信息系统的数据库。

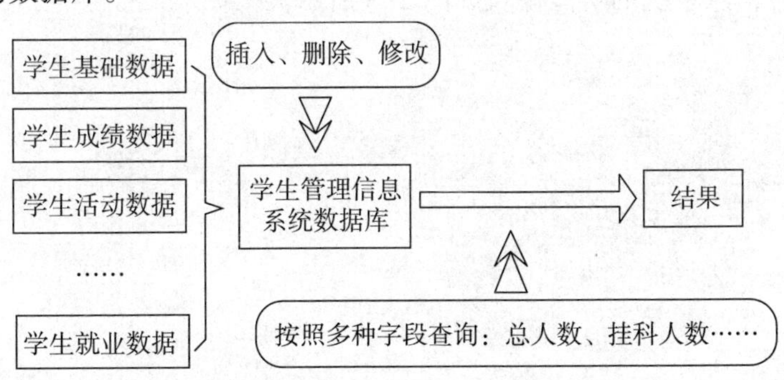

图 2–2　学生教育管理信息系统的操作示意

高校学生工作部的教师、负责学生工作的副书记、辅导员及学生按照事先分配好的权限，可以对数据库里面的数据进行查询、插入、删除和修改等操作。例如，学生工作部的教师可以统计查询全院或专业所有学生的相关信息，既可以是全院或专业所有的信息，也可以是某个学院、某个年级部分或者单个学生的相关信息。这些信息包括前文描述的要求高校辅导员统计的信息，如总人数、男生人数、女生人数、不同民族的学生人数、挂科情况等信息。各个年级的学生数据由辅导员来负责维护，不管是自己学生降级、退学还是升级，辅导员都会在系统里及时地进行更新操作。因此，学生工作部的教师查询到的信息是准确无误的。相应地，学院负责学生工作的副书记可以对本学院的学生信息进行相应权限的操作。学生个人的相关信息，如是否发表了论文、是否参加了勤工助学、是否获得了学生竞赛名次等信息，由学生在系统中输入，并将相关的证书和证明扫描导入系统中，最后将原件拿给辅导员审核确认。这些信息也可能是学生的各类奖学金或助学金的评定依据。因此，有了学生教育管理信息系统后，学生的相关信息既能够得到比较全面的收集，又能够保证信息的相对完整和规范，方便统计。

（一）高校学生教育管理信息系统功能分析

高校学生教育管理信息系统主要利用计算机技术帮助高校辅导员完成日常教育管理工作所涉及的学生基础数据管理，如学生就业管理，学生奖、助、贷管理和党员管理等一系列数据的统计和分析工作。高校学生教育管理信息系统的功能模块主要包括学生成绩管理、如学生党员管理、学生奖学金管理、学生就业管理、学生参与竞赛管理、学生基础数据库维护等。高校学生教育管理信息系统的功能模块如图 2-3 所示。

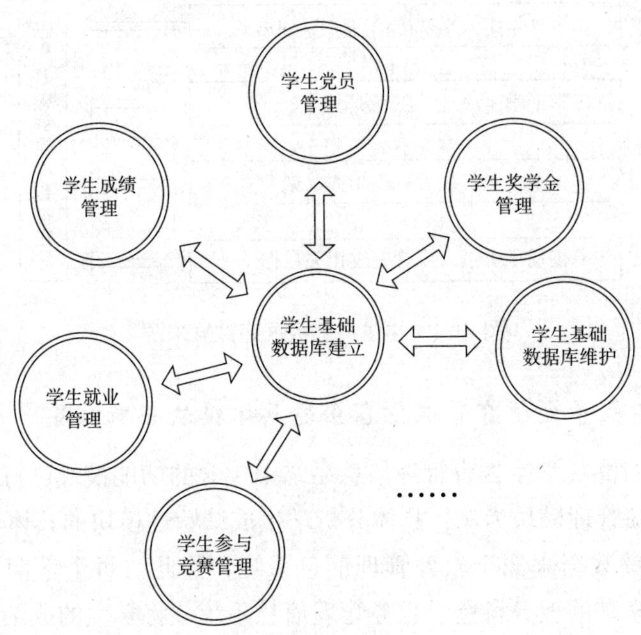

图 2-3　高校学生教育管理信息系统的功能模块

高校学生教育管理信息系统的所有功能都是建立在学生基础数据库的基础上的。在新生入学伊始，学校就要开始建立学生基础数据库。这些数据的来源大致有四类。（1）招生就业处学生基础数据。这些数据以电子表格的形式保存，形成系统中最基础的数据。这些数据包含新入学学生的姓名、性别、出生年月、籍贯、民族、高考准考证号、家庭住址、联系电话、高中的表现等。（2）每个学期的学生成绩，这些成绩也是以电子表格的形式保存，这些数据直接从学校教务系统中导出。（3）学生录入或更改的数据。这些信息包括学生参与竞赛的获奖情况、论文发表情况、学生离调地址及联系方式、家庭住址信息等。（4）辅导员录入或更改的数据。这些数据包括学生参加党团活动的情况、入党情况等。学生基础数据库的数据来源如图 2-4 所示。

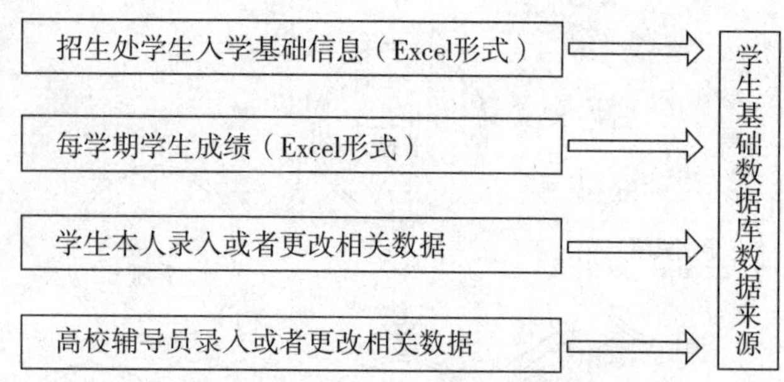

图 2-4　学生基础数据库数据来源

（二）高校学生教育管理信息系统具体模块分析

图 2-3 对高校学生教育管理信息系统中包含的功能模块进行了说明，这里以学生成绩管理模块为例，具体分析学生成绩管理模块的具体功能。

学生成绩数据来源于教务管理信息系统，因此，每个学期辅导员都要到自己所在学院的教务科登录教务管理信息系统，将学生的成绩以电子表格的形式导出来。辅导员通过了解和掌握学生成绩，及时督促学生采取措施提高学习成绩；通过连续两三个学期的学习成绩的对比，了解进步学生和退步学生的情况，对于成绩大幅下滑的学生，要重点关注和帮扶；通过学生成绩的分析，对比不同班级的情况，找出后进班级的班风和学风问题。另外，在学生奖学金评定过程中，成绩占很大的比重，辅导员需要对成绩进行排序等操作。前文已经详细分析了在电子表格中对成绩直接操作带来的问题。下面分析将保存在电子表格中的成绩导入学生教育管理信息系统后，学生成绩管理模块所具有的功能。学生成绩管理模块的功能如图 2-5 所示。需要说明的是，学生的成绩数据只有辅导员有权进行插入、删除和修改等操作，学生只有查看的权限。对于信息有误的成绩，学生提出申请，提交相关证明材料后，由辅导员进行更新操作。

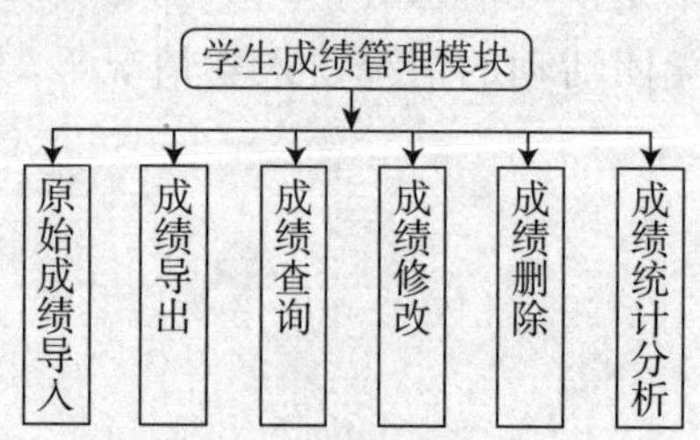

图 2-5　学生成绩管理模块的功能

1. 原始成绩导入

从教务管理信息系统导出的学生成绩保存在电子表格中，具有一定的格式。因此，在设计成绩导入功能时，辅导员要按照字段来设计，以保证Excel表格中的信息能够准确无误地导入学生教育管理信息系统的数据库。

2. 学生成绩导出

设计人员进行系统设计时，要能够满足用户选择的字段要求，如是哪些学生、导出哪个学期的哪些成绩、导出的成绩是否需要排序等，还要保证学生成绩导出能够自主选择，而不是仅有导出某个学期所有学生的所有成绩这个单一的功能。

3. 学生成绩查询

辅导员可以按照多种要求灵活地查询学生成绩，如输入学号、姓名、班级等。

4. 学生成绩修改

学生补考成绩出来后，辅导员可以修改原来的成绩，这个操作是只有辅导员拥有的权限。

5. 学生成绩删除

这个功能是对某个学生的全部成绩或者个别成绩进行删除。例如，学生升级或者降级，脱离原来所在的年级，将学生的所有信息包括成绩信息转移到其他年级的数据库中，然后删除原来的所有信息，包括成绩信息。

6. 学生成绩统计分析

成绩统计分析功能是学生成绩管理模块的核心，能够智能化地分析年级、班级、个人成绩，而且能够以饼状图等形式显示出来。

（三）高校学生教育管理信息系统开发过程中的注意事项

开发一套信息系统相对来说比较简单，难的是开发出真正符合需要并且在以后的使用中能够不断升级的系统。学生教育管理信息系统在开发和使用过程中需要注意的问题具体如下。

1. 要重视系统的需求分析

开发学生教育管理信息系统的第一步是要明确该套系统的确切功能。一套系统开发出来后没有真正使用起来，往往是由于前期的需求分析做得不到位。学生教育管理工作复杂烦琐，涉及方方面面，这套系统不仅要能满足功能需求，还要使用方便，特别是数据的格式、数据之间的关系要定义好。例如，学生的基础数据来自招生就业处，因此，设计系统数据表的时候要先定义好这些数据，要提供数据的格式。辅导员长期在一线工作，熟悉业务，是学生日常教育管理工作的主要实施者，是该系统的主要使用者。因此，开发高校学生教育管理信息系统之前，开发人员要多与辅导员交流，充分做好需求分析。

2.重视学生数据的安全性

为了保证数据的安全性，建议每个学院将此系统部署在各自独立的服务器上，这样可以降低数据泄露的风险。系统有明确的权限管理，确保每个辅导员只可以查看、修改自己学生的信息；学生可以查看自己的信息，修改自己的部分信息；高校学生工作部的教师也只能查看或者从系统中统计出全校的总人数、男女生人数、挂科信息、学生的论文发表数据等信息。学生的个人信息，如家庭住址、父母亲信息及家庭情况等敏感信息，只有辅导员有权限进行操作和查看。

3.建立相对稳定的系统开发维护团队

开发一套系统容易，但是系统的长期维护相对来说较难，而且系统的生命力取决于使用后是否能够顺利地在系统中添加新的功能模块。因此，建立稳定的系统开发维护团队，有利于高校学生教育管理信息系统的长期使用。科技公司开发周期短、系统稳定，但后期的维护和升级是一个大问题。因此，高校要依托自身的技术创新优势，组建自身的开发维护团队，最好有既了解学生工作流程又懂得技术开发的辅导员参与其中，这样既能够保证系统符合设计要求，又能够使后期的维护和升级工作得到保证。

第三节　高校辅导员队伍管理精细化分析

一、精细化管理在高校辅导员工作中应用的必要性

（一）精细化管理是思想政治教育发展的时代诉求

1. 国内外形势发生的深刻变化使大学生思想政治教育面临严峻的挑战

进入 21 世纪以来，国际形势风云变幻，意识形态领域斗争日趋复杂。特别是，经济全球化的浪潮、西方社会的功利主义、自由化思潮及个人极端主义等资本主义价值取向、社会意识和生活观念，通过各国经济、技术之间的相互交流和融合乘虚而入，不可避免地渗透人们的精神领域，并对我国社会主义主流意识形态形成一定的冲击，对人们思想品德的形成和发展产生重要的影响，导致人们社会主义理想信念的危机和价值标准的混乱。与此同时，随着国内改革开放的继续深入和市场经济的快速发展，人民群众的生产和生活方式发生了翻天覆地的变化。当代大学生在亲历了改革开放带来的日新月异的变化和实惠的同时，也对改革开放与经济发展所引发的一系列深层次的矛盾和问题产生了许多困惑。

高校是各种思想交会集中的地方，大学生作为社会思想活动非常活跃的群体之一，正处于思想逐步走向成熟的阶段，接触的社会信息也比以往骤然增多。理解与不理解的东西、正确与不正确的内容使他们在相信与不相信之间难以抉择，导致价值冲突尤为显著。这些都从理想信仰、思维方式、生活理念等方面给即将步入社会的大学生带来严重冲击和消极影响，容易诱发自由主义、利己主义、拜金主义、享乐主义等负面思想，使大学生的世界观、人生观、价值观发生较大转变。大学生思想上的这些动态变化，仅仅依靠传统的课堂教育、思想汇报等是难以及时发现和纠正的。这就要求高校辅导员创新工作机制，通过实施精细化管理，经常深入学生群体，加强对大学生的行为调查了解和广泛研究，提高思想政治教育工作的广度和深度，及时掌握学生的思想动态，有针对性地引导学生解决困扰他们的重大思想问题。

2.高等教育的改革发展对大学生思想政治教育提出更加艰巨的任务

落实以人为本，全面推进素质教育是近年来我国教育改革中出现的新思想、新观念，也是当今全球知识经济时代的新潮流、新要求。全面素质教育不是一般的专业教育，它不仅要求通过科学的教育活动培养具有文化素质、业务素质的人才，更要求通过目的明确的思想政治教育，为社会培养具有良好政治素质、道德素质、心理素质和具有完善个性特征的人才。

推进全面素质教育，必须尊重教育规律和学生身心发展规律，这就要求高校辅导员在实际工作中针对不同大学生的个性特质，把解决思想问题和实际问题结合起来，要以大学生的全面发展为根本出发点，通过实施精细化管理，细分群体，因势利导，针对不同对象采用不同的方法，做到关心每个大学生，促进每个大学生发展，从而充分发挥思想政治教育的育人功能。

（二）精细化管理是大学生群体变化发展的必然要求

1.当代大学生发展需求的差异性更加显著

随着我国高等教育体制改革的全面推进和高等教育事业的快速发展，高校的招生规模迅速扩大，高等教育逐渐由“精英教育”转为“大众教育”，大学生之间的素质层次存在愈加明显的差距。学生学籍管理的学分化、择业就业的自主化，在增加大学生学习的主观能动性和自由性的同时，也导致了不同层次的学生发展需求差异性更加明显。具有不同的年龄结构、成就去向、生活阅历、心理个性的学生聚集在一起，各层次的学生综合素质参差不齐，发展需求各自不同。比如，有的大学生专注于学习专业知识和参加科研活动，希望将来能够继续深造；有的大学生热衷于学校社团活动或校外活动，希望提高自己的组织、协调能力，为步入社会做好准备；有的大学生忙于自主创业，希望提高自身的创业素质和能力，把自己的兴趣和梦想结合在一起，实现人生价值的最大化。

单一的教育管理模式已经不能适应新形势的要求，高校辅导员在日常工作中需要树立多样化的人才观念，尊重个人选择，鼓励个性发展，不拘一格地培养人才；要从学生的实际出发，在思想政治教育、日常行为管理、指导和服务等方面，针对学生的不同发展需求采取不同的管理服务措施，创造性地开展工作，尽可能地为学生提供有利其提高和发展的平台，真正做到因材施教，实现高校辅导员工作效果的最优化。

2. 就业问题给当代大学生带来巨大的心理压力

从大学毕业生分配制度由国家“包分配”变成一定范围的“供需见面、双向选择”，到如今的“建立人才市场、毕业自主择业”，就业问题就成了绝大部分大学毕业生，甚至是刚入学的大学新生需要考虑的主要问题。随着大学生就业形势的日趋严峻，作为承载着社会、家长及自身较高期望值的这一特殊群体，在当前较大的就业形势压力下可能产生各种各样的心理障碍，如焦虑心理、自卑心理、怯懦心理，甚至抑郁心理等。这些不仅考验着即将毕业大学生的心理素质，更是在不同程度上影响了低年级大学生的日常学习生活。对此，高校辅导员不仅需要对存在心理障碍的大学生进行有针对性的心理疏导，更要从新生入校开始，根据不同时期大学生的就业心理和就业问题，分层次、分专业地开展职业生涯规划和就业指导帮助。

二、精细化管理在高校辅导员工作中应用的可行性

（一）精细化管理在高校辅导员工作与企业管理中应用的比较分析

企业生产有利润目标，高校辅导员工作也有成才目标。为了完成这个目标，高校要把任务分解落实到各院系和每个辅导员身上，并且在执行的过程中进行考核，对工作阶段性完成的情况进行科学评价，最后通过考核、评价的结果对各院系和辅导员进行激励。企业和高校最大的区别是企业追求经济效益最大化，而高校追求育人效果最大化。但两者在追求各自目标最大化的过程中，都是通过行使内部管理职能，不断提高效率，最终达到目标。企业的精细化管理是以满足客户的需求为前提，通过对生产、销售、服务的各个环节进行精细化控制，不断提高质量，降低成本，将企业经营效率发挥到最高。而高校辅导员的工作是以满足学生的全面发展为前提，通过对各项工作内容、要求、标准、依据进行规范和控制，针对学生群体的差异性进行教育管理，提高辅导员工作的针对性、有效性，这些都和企业管理控制的过程极其相似。由此可以看出，高校辅导员的教育管理工作与企业精细化管理有着很多共同之处，高校辅导员工作精细化管理体系的形成，将会是现代化企业管理理念与高校学生教育管理工作相互结合、科学创新的结果。

（二）精细化管理在高校辅导员工作中应用的政策许可性分析

在现代社会快速发展的大环境下，大学生观念的独立性、思维的批判性、行动的自主性明显增强，同时存在着行为偏激、难以约束、易受挫折等特点。切实做好大学生思想政治教育工作，不仅是上好思想政治教育课，更需要高校辅导员在对学生进行思想政治教育、日常行为管理、指导和服务的过程中，运用各种工作载体，贴近实际、贴近学生、贴近生活，发挥思想政治教育潜移默化的作用。因此，推进精细化管理在高校辅导员各项工作中的应用，对增强高校辅导员工作的吸引力和感染力，提高高校辅导员工作的有效性，在理论上是十分可行的。

（三）精细化管理在高校辅导员工作中应用的操作可行性分析

精细化管理是社会分工精细化及服务质量精细化对现代企业管理的要求，它在实际运用中取得了良好的成效，受到企业界的广泛认可。同时，它也在许多社会公共管理行业中被实践证明是可行的。管理学理论被引入教育管理领域的时间并不长，却对教育管理的发展起到了十分重要的促进作用，特别是精细化管理要求把工作细分、做精、做实的管理理念，以及精细化管理中分析、规划、控制等方面的内容，都可以很好地运用在辅导员的工作中。

第一，精细化管理要求以人为本，以人为本正是国家、社会及高校对辅导员工作的开展要求。高校辅导员工作最根本、最重要的任务就是做好大学生的思想政治教育，它是帮助大学生塑造灵魂的工程，其目的是促进大学生的全面发展。辅导员只有坚持以人为本，深入了解学生的思想、学习、生活，尊重不同学生的个体差异，并根据不同学生的差异性，采取有针对性的教育指导，才能真正实现学生的全面发展。因此，高校辅导员工作的核心问题和精细化管理的核心问题是相吻合的。

第二，精细化管理要求细节管理，高校辅导员工作的切入点就是学生日常学习、生活中的种种细节。细节可能是一个具体的工作步骤、一件平凡的日常小事，看似杂乱无章、琐碎细微，却是通往成功的阶梯。高校辅导员工作的切入点是以学生的日常生活、学习为基础，通过日常、琐碎、细微的事情，了解学生的思想状况，教育、指导学生树立正确的思想观念，做好日常管理和强化服务。这些同样强调细节管理，重视每个环节的工作，并通过做好长期、持续的细节工作，不断提高高校辅导员工作的实效性。

第三，精细化管理注重体系管理，高校辅导员工作同样是以制度管理为主。精细化管理是一种全方位的管理，是一个链条，涉及企业生产、控制、营销、售后等方方面面的工作，必须齐头并进，全面推进。辅导员工作同样是千头万绪，工作中要注重制度管理，特别是日常行为管理方面，更要以规章制度为准。管理制度不仅是学校教学管理的重要手段，也是辅导员工作的办事规程，具有引导性、约束性。良好的德育管理体制运行环境，在很大程度上是依赖于全面覆盖、系统规范、合理配套、扼要可行的制度体系，包括工作制度、责任制度、会议制度、考核制度、评价制度等。

第四，高校学生管理是社会公共管理的重要组成部分，精细化管理作为现代管理的一种先进文化和先进手段，高校学生工作可以通过合理借鉴、吸纳其中的办法，做到全面、精确、细致、深入地分析学生状况，明确职责分工，优化工作流程，完善岗位责任体系，加强协调配合，有效地改善高校学生工作的现状和提升工作水平。所以说，把精细化管理引入高校学生工作，特别是高校辅导员工作中是十分可行的。

三、夯实高校辅导员实施精细化管理的基础

（一）提高辅导员精细化管理的水平

1.培养高校辅导员精细化管理的意识

思想决定行为，推进精细化管理在高校辅导员工作中的应用必须培养高校辅导员精细化管理的意识。精细化管理强调人是管理的核心和动力，强调全体成员的参与管理。高校辅导员作为高校学生工作精细化管理的主要实施者，也是精细化管理的对象、载体和参与者。精细化管理在高校辅导员工作中的应用，不仅仅限于如何运用精细化管理的方法提高对学生进行教育管理的有效性，更重要的是让高校辅导员通过实施精细化管理，最大限度地发挥自身的潜力，提高工作的科学性和自觉性，提升工作的层次和水平。推进精细化管理在高校辅导员工作中的应用，必须引导高校辅导员树立正确的精细化管理观念，培养高校辅导员精细化管理良好的思维习惯、工作模式，使其做到用心体察、审视学生在思想活动、日常学习和生活方面的细节问题，努

力营造追求精细、严格的工作文化氛围。

第一，高校要充分运用专题讲座、研讨会、座谈会及通过校园网、学院报、宣传栏、展览窗等多种渠道对精细化管理的理论、经典案例进行大力宣传，加强高校辅导员和学生对精细化管理的学习与理解，让辅导员和学生了解、熟悉精细化管理的基本概念，掌握精细化管理理论的核心思想，意识到在高校辅导员工作中应用精细化管理的重大意义，了解并掌握实现精细化管理的基本途径、步骤。

第二，高校要采取“走出去，请进来”的方法，组织高校辅导员到精细化管理工作开展的先进单位，包括其他院校、公共管理部门及现代化企业等进行参观、学习、考察和交流，让高校辅导员亲身体验精细化管理的运作模式，感受精细化管理带来的工作成效，进一步深入理解精细化管理对高校辅导员工作的帮助，激发和调动高校辅导员实施精细化管理的积极性，使高校辅导员牢固树立精细化管理的意识。

第三，高校要根据高校辅导员工作的实际情况，对高校辅导员的各项工作内容、工作制度、标准要求、方式方法进行再学习和新教育，并结合精细化管理的理论，循序渐进地改变高校辅导员的思维，从引领者的角度强化共同学习、共同交流、共同进步的发展意识，组织学生全员、全过程参与精细化管理的深入实施。

2.提升高校辅导员精细化管理的执行力

无论多好的规章制度、管理方法或工作措施，如果得不到良好的贯彻执行，就不能得到全面落实，精细化管理也就成为空谈。精细化管理强调的是过程控制，只有将各项工作措施真正落实到位，才能真实反映精细化管理过程中存在的问题和不足，才能有效地进行改进和完善，从而推动工作的顺利开展。在高校辅导员工作中实施精细化管理，必须提升高校辅导员精细化管理的执行力。执行力是把想法变成行动，把行动变成结果的能力，是按质按量、不折不扣地完成工作任务的能力。没有执行力，或者执行力太差，不仅会使工作中精细化管理的成效大打折扣，更会严重削弱辅导员、大学生对精细化管理的认可度，从根本上动摇辅导员在工作中实施精细化管理的理念。

第一，要从主观思想上强化辅导员对精细化管理严格执行的意识。虽然在精细化管理开展的初期，各项事务的工作要求、执行程序会显得更烦琐、更复杂，与高校辅导员原有的工作经验、工作方法相比有很大的差异，

在一定程度上会影响辅导员工作的效率，增加辅导员工作的负担，但从长远来看，科学、规范、标准的管理模式将会大大提高高校辅导员工作的效率和效益，节省时间和资源。因此，一定要强化高校辅导员严格执行的意识，在工作中坚持高标准、严要求，不折不扣地执行精细化管理的管理模式、操作流程、反馈记录等，把不折不扣、严格落实的理念从根本上注入自己的言行中，努力做到今日事今日毕。在实施精细化管理的过程中，作为实施主体，高校辅导员要严格执行各项制度、标准、程序，才能推动精细化管理在各项工作应用中的不断完善和深化。

第二，要以公开、透明的方式侧面推动高校辅导员提升精细化管理的执行力。高校辅导员工作的对象是大学生，他的各项工作内容与大学生息息相关。高校应通过校园网络、公示栏等方式公开高校辅导员精细化管理的落实情况，公开各项事务的工作流程、执行标准、反馈机制及成效要求等，为辅导员和大学生搭建民主参与、民主管理的平台，畅通公开监督平台，提高大学生对辅导员工作的民主监督意识。“其身正，不令则行，其身不正，虽令则不从”，通过建立公开、透明的工作机制，引导大学生在高校辅导员精细化管理的过程中加强对各项工作措施的有效落实进行监督，进而从侧面推动高校辅导员精细化管理工作执行力的提升。

第三，要在对高校辅导员进行管理方面加强行政监督，推进精细化管理工作。高校在高校辅导员队伍建设管理过程中，要对高校辅导员精细化管理工作的运行情况、工作成效进行及时的跟踪反馈，加强对高校辅导员工作中精细化管理开展的情况进行过程监督。特别是在高校辅导员实际工作过程中，对精细化管理执行不到位或把握不到位的情况，要及时纠正偏差，严格落实措施，自上而下地要求高校辅导员切实提升执行力，科学有序地推进精细化管理在高校辅导员工作中的落实。

（二）明确高校辅导员的岗位职责

1. 日常行为管理是高校辅导员工作的主要内容

高校辅导员在开展大学生思想政治教育工作的同时，在实际工作中还面临着大量繁杂、琐碎和重复的大学生日常行为管理等事务。高校辅导员身处高校与大学生联系沟通的第一线，学生管理的每一项工作任务、每一个举措要求、每一次活动安排等，都需要通过辅导员传达、督促和落实。高校辅导员对大学生日常行为管理工作是维系学校与学生正常联系的桥梁和纽带。在大学生日常行为管理工作中，高校辅导员承担着学生在学习生活、社会活动、文化建设、实践活动中的教育和引导任务。高校辅导员繁重的工作量和大部分的工作时间主要集中在学生日常行为管理的工作上，而日常行为管理工作实际上已经超过思想政治教育，成为辅导员日常工作的主要内容。目前，高校辅导员的思想政治教育较以前已经更多地融入日常行为管理工作。当前，高校辅导员在大学生日常行为管理方面的工作内容主要包括完成好学校、院（系）布置的关于学生管理的各项行政性事务工作；加强学风建设，教育学生端正学习态度，如防范学生逃课、睡懒觉或沉溺于网络虚拟世界等不良现象；指导学生进行党团组织和班级建设，开展形式多样、丰富多彩的课余活动，在实践中锻炼学生的组织协调、团结合作、分析问题、解决问题等能力；落实贫困大学生的资助工作，组织好学生勤工助学活动；针对学生关心的热点、焦点问题，及时进行教育和引导，化解学生中的各种矛盾冲突，维护好校园的安全和稳定。

2. 指导和服务大学生是高校辅导员工作的重要组成部分

指导和服务大学生是新时期辅导员应该且必须具有的工作职责。新时期，高等教育落实“坚持以人为本，全面推进素质教育”的教育观，不仅要求辅导员在就业指导方面为学生提供服务，更要求高校辅导员树立“一切以学生为本”的工作理念，从学习、生活乃至身心健康等各个方面，为大学生提供高水平、高质量的服务和帮助。因此，在做好大学生思想政治教育和日常行为管理工作的前提下，高校辅导员还需要为大学生的健康发展提供全面、周到的指导和服务。高校辅导员的指导和服务工作主要是指学习服务、生活服务和就业服务等，具体包括学生学业学习指导、心理咨询辅导、宿舍文化建设、社会实践指导、职业生涯规划、就业指导，以及学生在高校学习期间遇到的衣、食、住、行等各方面的需求。

四、高校辅导员队伍精细化管理的具体对策

（一）完善高校辅导员的选聘配备体系

做好高校辅导员的选聘配备工作，是加强队伍建设与管理的基础。在高校辅导员的选聘工作中，要严把入口关，坚持“思想过硬、纪律严明、作风优良、业务精通”的标准，对他们的政治素质、理论水平、道德品质、分析

和解决问题的能力、科研和创新精神、语言文字能力、口头表达能力、协调沟通能力、组织管理能力等方面提出明确的要求，同时要考虑他们的学历、年龄和性别，真正把德才兼备、乐于奉献、潜心教书育人、热爱大学生思想政治教育事业的人员选聘到辅导员队伍中来，从源头上保证辅导员队伍的质量。高校辅导员选聘工作要在高等学校党委的统一领导下进行，由学生工作部门、组织部门、人事部门、纪检部门等共同组织开展。高校要根据辅导员的基本要求和实际的岗位需要，确定具体的选拔条件，通过组织推荐和公开招聘相结合的方式，经过笔试、面试、公示等相关程序进行选拔，同时要根据实际工作的需要，科学合理地配备足够的辅导员。

（二）确保高校辅导员队伍的稳定

从思想政治教育专职队伍的实际出发，解决高校辅导员的聘任问题，鼓励和支持辅导员安心做好本职工作，努力成为思想政治教育方面的专门人才。学校要从政治上、工作上、生活上关心辅导员，在政策和待遇上给予适当的倾斜。在实际工作中，高校要积极创造条件，为高校辅导员解决出路问题，解决他们的后顾之忧，在工作条件、生活待遇、岗位津贴等方面做适当的倾斜，把他们编入教师编制；设定职称晋升平台，成立专门的学生工作干部职称评审机构，每年组织一次辅导员职称评审工作，评审中应充分考虑辅导员工作的特点，把思想政治教育工作成绩作为职称晋升的重要依据；高校辅导员在参加行政职务晋升的同时可参加职称的聘定，工作成绩突出并愿意继续从事大学生思想政治教育工作和党政管理工作的辅导员，在工作满一定年限后，可以分别定为副科级、正科级、副处级辅导员，按照有关规定享受相应的政治生活待遇；也可把他们作为党政干部的后备力量进行重点培养，并把政治觉悟高、工作表现好、业绩突出的辅导员输送到学院的各个管理岗位上去。

（三）提高高校辅导员队伍的整体素质

所有从事大学生思想政治教育的人员都要坚持正确的政治方向，加强思想道德修养，增强社会责任感，成为大学生健康成长的指导者和引路人。因此，进入辅导员队伍以后，要着力提高这支队伍的思想政治素质，制订培训计划，加强分类指导，积极开展有针对性的培训，将岗前培训与在岗培训、社会实践与学习考察相结合，积极鼓励辅导员研修与大学生思想政治教育相关的专业，以适应自我发展的需要。

（四）健全高校辅导员工作精细化管理的培训制度

精细化管理对绝大部分高校辅导员而言是一个崭新的领域，现有的辅导员大多没有经过精细化管理的专业教育和系统培训。科学、合理的辅导员精细化管理培训，是提升高校辅导员管理素质水平最现实的途径。这就要求高校要从自身发展的战略高度出发，把对高校辅导员的精细化管理培训纳入院校年度的人才培养计划。

第一，要建立分层次、分类别的精细化管理培训机制。高校应该根据高校辅导员的工作岗位、工作时间和工作经验等情况，对辅导员进行区分，并通过需求调研，结合辅导员个人的意愿、兴趣爱好、工作需求和能力水平差异，做好各类辅导员的培训需求分析，随后制定具有针对性的培训方案，把学习理论同解决实际问题、总结经验、推进工作结合起来，有层次、分类别地对辅导员开展精细化管理的相关培训，切实有效地提高高校辅导员精细化管理的能力水平。例如，对于刚刚接触精细化管理的辅导员，应着重在对他们进行精细化管理系统性、理论性知识的培训，加深他们对精细化管理的理解；对具有一定精细化管理经验的辅导员，应着重在对他们进行精细化管理理论与实际结合的学习，提高他们把精细化管理的理论知识应用到实际工作中去的能力。又如，对负责毕业班学生工作的辅导员，可重点对他们进行就业指导方面的培训，使他们学习和掌握更多指导、服务学生的方法与技巧；对负责新生的辅导员，可让他们多参加有关学生党建、班级管理等方面的学习，提高他们日常事务方面的精细化管理水平。

第二，要灵活选用不同的培训形式，拓宽高校辅导员精细化培训的渠道。传统的专题讲座、课堂教学等培训形式大多是机械的理论灌输，缺少实践训练。当前的辅导员工作已囊括了学生思想政治教育、日常行为管理、指导和服务诸多方面，辅导员工作的精细化管理更是一项实际操作能力要求较强的工作。这就要求对辅导员进行培训要借鉴企业的管理培训，通过采用实践性更强的案例教学、拓展训练等先进的培训方法，有效提升辅导员精细化管理的实际运用水平。例如，在辅导员思想政治教育精细化管理的培训中，可以采用案例教学方式，假定“典型”学生群体的思想状况，由受训辅导员就如何进行学生群体细分、采取哪些针对性措施、如何有效反馈等环节进行模拟操作，最后再由培训者对辅导员在精细化管理工作过程中的具体表现进行指导，使辅导员的培训工作更具有针对性和实效性。在坚持对辅导员进行理论培训与实践指导紧密结合的同时，还要积极构建本校培训、省级培训、国家级培训乃至脱产深造、挂职锻炼等多元化的培训渠道，形成更为灵活、开放的辅导员精细化管理工作培训格局。

（五）规范管理工作中各项事务的流程标准

大学生日常行为的精细化管理，最根本的就是要根据各项管理工作、事务的总体要求，完善相应的规章制度，明确精细化管理的目标和要求，如制定班级干部选举制度、星级宿舍评比制度、贫困生认定办法、优秀学生评选制度、党员发展制度、素质学分管理办法等。高校辅导员要根据各项规章制度，制定具有可操作性的工作流程、运行规则、操作方式、管理表格等，根据实际情况，明确各工作环节的目的、要求、条件、数量、时限、责任人等，形成工作任务定量化、工作责任明确化、工作过程流程化、工作制度标准化的特点。

以制定贫困生认定工作流程为例，贫困生提交认定申请书、证明材料→认定小组初步审核，通过或要求补正材料→认定小组根据材料结合申请人在校的生活、消费情况进行初步筛选→提交班级大会说明相关背景资料并进行投票表决→对投票结果进行公示→对公示间存在的疑义进行调查确认→确定本班级各档次的贫困生资格→报院（系）进行最后确认。同时，辅导员要细化管理制度，实行量化管理，明确各个流程、步骤中的条件要求、判定标准。比如，证明材料，必须有乡、镇或街道民政部门加盖公章；审核条件，要着重考虑孤残学生、烈士子女，以及家庭成员长期患重病、家庭遭遇自然灾害或突发事件等特殊情况；在校生活、消费状况，应进行横向（其他贫困生资格申请人）和纵向（非贫困生）对比；投票表决要确定是采取简单的多数法还是赞成率通过法；贫困生资格认定有效期是一学年还是一学期等。

（六）突出管理工作中各个环节的责任落实

大学生日常行为管理是高校辅导员协调管理和大学生自我管理的结合，单凭一个辅导员是绝对做不好的。学生干部作为大学生日常行为管理的重要参与者，团结有力的班委会和党、团支部是做好大学生日常行为精细化管理的重要保障。这就要求高校辅导员在精细化管理中要突出管理工作的责任明晰和落实，在日常行为管理中，要通过规章、制度科学细分工作环节，明确辅导员、学生干部和普通学生各自的责任，并按照“事事有标准，处处严要求，问题不放过，反馈再完善”的精细化管理要求，把每个工作环节中的每个细节做好，加大对工作执行的监督、检查力度，及时做好对工作成效的评价总结，使精细化管理逐步向纵深层次发展。例如，在学生综合测评工作中，明确班委会对学生考勤、奖惩情况、学业成绩、参加政治活动、文体活动、劳动卫生及各类比赛成绩进行公示，并对公示内容负责；学生根据评测办法进行自我评测，对自我评测结果负责；班委会组织班级对自我评测进行互相测评并复核，同时对互相评测工作及结果负责；高校辅导员按评测要求对评测结果进行汇总和最后审查，特别是对加减分项目进行严格确认，上报院（系）或学校，并对最终上报结果负责。

（七）推进高校辅导员专业化、职业化建设与管理

学院要采取综合配套措施，促进辅导员队伍的专业化、职业化建设与管理；要积极搭建起专业化、职业化建设平台，从而建立充满活力的、高素质的工作队伍和多元化的格局。高校辅导员是培养社会主义合格建设者和可靠接班人的重要力量，在新时期，高校辅导员队伍的建设与管理必须适应时代发展的要求，与时俱进，不断提高高校辅导员队伍的专业化、职业化水平，同时建立相应的配套机制，这是高校辅导员队伍建设与管理的探索方向。只有这样，才能使高校辅导员队伍的建设与管理适应新时期的发展，使高职院校的思想政治教育工作和学生工作稳定、健康的发展。

第三章　高校辅导员工作考核机制研究

第一节　高校辅导员工作绩效考核的理论基础

一、绩效考核的含义

所谓绩效考核，也称成绩或成果测评，绩效考核是为了达到组织的目的，运用一定的标准和指标，采用科学的方法，对在达到目的过程中承担工作责任和效果的人员完成任务所带来的效果做出的价值判断。绩效考核是一项系统性的项目，其实质是做到人尽其才，使人力资源作用发挥到极致。

绩效考核包括三层含义。

第一，绩效考核是从高校今后发展的目标出发对员工工作进行的考评，并且使考评结果和员工培训、职位升迁和薪酬管理进行结合，促使高校更好地发展。

第二，绩效考核是人力资源管理系统的一个组成部分，它是运用一套考核体系与执行标准、程序进行考核。

第三，绩效考核是对辅导员在日常工作中所表现出来的工作能力、态度与成绩进行规范的考核。现代绩效考核和管理是从提高单位核心的竞争力出发，以提高员工的综合能力为目的，以绩效管理为手段，实现单位和员工的利益共享与双赢。简单来说，绩效考核指考核主体对照工作目标与绩效标准，采用科学的考评方法，评定员工的工作任务完成情况，并将结果反馈给员工的过程 。

绩效考核体系是一组既独立又相互关联且能够较完整地体现考核指标的

评价系统。绩效考核体系的建立，有利于考核高校辅导员工作状况，促进高校辅导员个人能力和素质的提高，完善高校对辅导员的管理。

高校辅导员工作的绩效考核不仅能为评优等提供依据，更能为更科学、有效地培养一支高素质的管理队伍提供保障。

二、高校辅导员工作绩效考核的意义

只有不断使高校辅导员工作绩效考核规范化、科学化，才能有效、客观地对高校辅导员工作进行管理与考核，同时不断调动高校辅导员的主观能动性，努力做好本职工作的同时，做好学生工作，不断提升自身的职业归属感。只有这样，高校辅导员队伍才能成为维护高校稳定工作的骨干力量，才能提高大学生思想政治教育工作的成效性。从心理学的角度看，绩效考核应当具有导向性、反馈性和惧怕性的特点。所谓导向性，指的是考核的内容和标准应该是人所共知的，并在考核之前就已确定。这样，高校辅导员便能自觉地用这些考核标准来严格要求自己，有效地控制自己的工作状态和成效。考核的反馈性是指要将考核的结果具体地反馈给被考核者，使其知道自己需要在哪些方面继续保持，哪些方面仍需改善，提高工作的有效性。考核的惧怕性是指考核给高校辅导员带来的心理压力，这种压力在某种程度上能够调节辅导员的工作行为。

三、高校辅导员工作绩效考核的目的

（一）为学校的科学管理提供依据

高校辅导员工作绩效考核为学校的人事管理工作提供了支撑性服务，也成为高校薪酬管理的重要工具。绩效考核是制定人事决策的根据，同时也是一种控制手段，通过绩效考核进行调职、奖惩等人事决策，可以达到调整控制的目的。学校根据绩效考核的结果制定报酬标准，如辅导员的奖金等。工作绩效考核为高校辅导员提供了工作标准，为学校奖惩工作提供了依据，有助于建立高校辅导员工作绩效档案，从中不断发现学校管理制度中存在的问题，进而改进辅导员队伍的建设，为提高高校思想政治教育工作的有效性提供保障。

（二）促进学校各部门、上下级之间的沟通

绩效考核的过程是对工作进行阶段性的反馈和认知的过程。有效的绩效考核能够对现有良好的绩效进行保持并不断改进。通过定期的绩效考核并将考核结果反馈给辅导员，可以使辅导员对自己的工作状况有一个全面的认识。此外，定期的绩效考核也使学校部门之间能够了解彼此的工作状态和工作目标，促进部门与部门、上级与下级之间的沟通，从而使工作绩效不断得到提升。

（三）帮助高校辅导员进行科学有效的职业规划

高校辅导员工作绩效考核作为一种沟通活动，并非单纯地评价高校辅导员的工作业绩，而是为评价个人工作优缺点和提高工作绩效提供反馈的渠道与改进的方式。绩效考核的结果能够使高校辅导员定期对自己的职业发展进行思考，不断更新自己的职业发展规划，以便更有效地开展学生思想政治教育工作。此外，通过高校辅导员绩效考核的结果，学校也可以有针对性地为高校辅导员开展培训工作，这样也能帮助高校辅导员提升综合能力，进而促进高校辅导员队伍的综合素质不断提高。

（四）调动高校辅导员的工作积极性

目前，高校辅导员的工作价值还没有被完全认同，有些高校只是认为辅导员是学校的一般行政人员，这就在一定程度上挫伤了高校辅导员的积极性。在这种情况下，高校辅导员的工作绩效考核就成了调动高校辅导员工作积极性的重要手段。通过对高校辅导员的绩效考核，给辅导员评分，奖励表现优异的，鼓励表现良好的，督促表现一般的。另外，高校辅导员通过考核可以了解到自身的需求层次、结构、自身水平、优势和不足之处；通过自我总结，可以提高自身需求层；通过向领导和前辈请教、向同事学习，可以增强自信心，弥补不足。辅导员应坚持考核中对自己肯定的部分，改正不足的部分，开展自我激励，激发努力工作的热情和积极性，提高工作绩效。因此，建立科学的绩效考核体系是调动高校辅导员工作积极性、稳定高校辅导员队伍的重要基础，也是现今高校辅导员队伍建设的难点所在。绩效考核体系的规范与否，直接关系到高校辅导员工作的积极性，影响到高校的思想政治教育。

第二节　高校辅导员工作考核的内容与方法

一、高校辅导员工作考核的内容

（一）高校辅导员考核的主体

这里提到的考核的主体是指考核者，即对辅导员工作绩效进行考核的人。高校辅导员在日常工作中直接与大学生打交道，同时相关职能部门和学院领导都与高校辅导员有着直接的工作关系。因此，学院领导、学生工作部门的其他辅导员、学生都应该对被考核者进行工作成效的评定，这样才能更加全面地对辅导员工作做出客观的评价。

（二）高校辅导员工作绩效考核内容的宏观分析

高校辅导员担负着大学生思想政治教育和学生日常事务管理，如学生党建工作、校园文化建设、学风建设和帮困育人工作诸多职责。在考核的内容和范围的设置上，高校应当着重考虑考核内容的科学合理、简洁明了。高校辅导员工作绩效的考核应当从以下几个方面着手。

1.理想信念

修订后的《普通高等学校辅导员队伍建设规定》中要求高校辅导员必须是中国共产党党员。中国共产党人应当具备坚定的理想信念，坚定理想信念是对共产党党员最基本的要求。高校辅导员作为共产党人，其坚定信念不仅要体现在重大事件的党性原则上，更要在平时的学生工作中得以体现。

高校辅导员必须坚持党的路线方针政策，遵守国家的各项法律法规，热爱党的教育事业，在有关政治原则、立场、方向的关键问题上与党中央保持高度一致，有较强的政治敏锐性，有大局观念。同时，高校辅导员需要具备良好的道德修养、高尚的师德师风，严于律己，做事公正，有较强的工作责任心、事业心和任劳任怨、勇于奉献的精神，爱岗敬业，坚持把学生放在第一位，努力成为学生的知心朋友和人生导师，做好一名优秀的高校辅导员。

在具体工作的开展中，高校辅导员应当从以下几方面着手。

首先，高校辅导员应当注重对学生定期进行国家形势与政策的宣传和教育，帮助学生理智地认清国际形势，正确理解党的路线、方针、政策，坚定党的领导，积极投身现代化建设伟大事业。高校辅导员要通过丰富的教育平台引导学生的思想，从而帮助学生培养正确的世界观、人生观和价值观。

其次，高校辅导员应当以学生为本，尊重学生的人格，理解学生、爱护学生，努力满足大学生全面发展需要，同时尊重大学生的个性，用实际行动来做到“一切为了学生”的工作理念，切实做到对学生要有爱心，为学生服务要尽心，对学生工作要关心。

再次，高校辅导员应当有针对性地将日常思想政治教育渗透到学生的学习、生活和工作中去。高校辅导员要结合本职工作，努力学习，开拓创新，不断提升育人的能力，要通过多方面了解大学生的思想动态，向大学生传达思想政治教育的内容，与学生进行心贴心的交流。日常工作中，辅导员应当围绕大学生关注的热点，注重学生心理健康的疏导，多与学生进行“一对一”的交流和指导，更加细致、有效地开展日常思想政治教育工作。

最后，高校辅导员要做好党团组织和班级建设的工作，鼓励并指导大学生开展各类健康向上的兼顾思想政治教育功能的活动，对学生进行与时俱进的素质教育，为学生的社会实践和职业规划出谋划策。高校辅导员应当增强党员的意识，树立模范作用，用心指导党团组织和班级各项工作的开展，加强对广大青年学生的培养，并努力提升自我管理水平和业务水平，让更多优秀的学生成长起来。

2.职业追求

高校辅导员的职业追求体现在其是否能够将各项工作以一定的工作业绩和工作成效体现出来，这也是辅导员工作中的重点考核对象。高校辅导员的每项工作都是围绕着大学生而展开的，他们的工作成效能否最终在其所带的学生身上得以体现，各项学生工作是否有条不紊地开展并落实，学生的总体心理健康状况、就业状况是否良好，这些都是辅导员工作业绩和成效的体现形式，也是辅导员职业追求的表现之一。

高校辅导员职业追求考核的内容包括五个方面：①日常管理工作。辅导员应当帮助学生营造良好的学习氛围、积极的生活态度，做好青年时期的学生教育与事务管理工作。②心理健康辅导。辅导员应当主动学习大学生心理健康辅导的相关知识，开展心理健康培训，为学生提供心理咨询，做学生的“知心人”，防止学生因心理健康问题而走弯路。③职业发展指导。高校辅导员应当在大学生不同的阶段做好不同的职业生涯规划的指导，认真做好实习和就业的指导工作，为学生提供一些就业学习的信息，传达就业形势、就业政策等。④优秀生的培养工作。高校辅导员应当学会对学生进行分类教育，通过党团组织、班级建设及各项活动，挖掘和培养优秀的学生干部，提高其综合素质，使他们能够在校内外给身边同学起到模范带头作用。⑤服务指导帮困工作。高校辅导员应当按照国家扶贫帮困的政策精神，了解家庭经济困难学生的情况，审核家庭经济信息，多关注他们的生活学习状况，为他们提供勤工助学、减免学费、助学金申请、助学贷款申请等信息与机会。

3.奉献精神

高校辅导员工作种类多、变化多，随着新世纪出生的孩子逐渐成为高校大学生的主要群体，辅导员的工作对象在发生着明显的变化，这对辅导员有效开展思想政治教育工作提出了较高的要求，也需要辅导员具有奉献精神。首先，高校辅导员所带学生对其工作的满意度，在某种程度上是对辅导员奉献精神的肯定。其次，辅导员的工作态度是影响其工作成效的直接因素。辅导员的业务水平、对学生的熟识程度、辅导员的出勤率等都是辅导员工作态度的体现。总体来讲，对高校辅导员奉献精神的考核可以从以下几方面着手：①出勤率。高校辅导员应当按时上班，在特殊时期坚持学校的值班安排。在遇到特殊情况时，甚至牺牲自己的休息时间处理学生事务。②参加培训情况。高校辅导员在处理烦琐的事务性工作的同时，应积极参与各类培训，提高自身水平，提升工作的成效。③工作完成情况。高校辅导员应当有计划地开展各项学生工作，注重工作质量，更好地为学生服务，将各项学生工作落到实处，真正实现育人的效果。④突发事件的处理能力。在日常工作中遇到突发事件是难以避免的，高校辅导员应当积极面对，做好预案，深入考察，细心研究，快速反应，用自己的专业水平和对学生的关爱将问题妥善解决。

4.专业素养

高校辅导员作为管理者和教师，具有双重身份，应当具备基本的调查分析能力，敏锐的洞察力，及时解决处理问题的能力，应对突发事件维护稳定的能力，组织管理学生开展活动的能力，探索学生工作规律、创新学生管理方法和手段的能力，相应的表达、写作能力及创新实践的能力。对高校辅导员专业素养的考核主要基于以下几方面：①日常问题解决能力。辅导员要高效开展学生工作，清楚相应程序，研究学生工作方法，独立处理日常学生工作中出现的问题，熟悉学校应对和处置各类突发事件的预案，及时妥善处理学生突发事件，能够做到防微杜渐，做好善后工作。②组织管理能力。高校辅导员应当对学校学生工作相关的规章制度熟记于心，积极帮助学生开展活动，对日常的学生生活、学习等进行服务和指导。③实践创新能力。高校辅导员应当有较强的实践意识、创新意识，能结合学生工作的特点，积极主动地在学生工作中运用创新能力，善于创新学生思想政治教育工作理念方法与手段，要多尝试、善总结，推进学生思想政治教育工作的深入开展。④表达、写作能力。辅导员在日常的工作中除了清楚、明白地传达工作精神、工作要求外，还要完成学校或所在院（系）必要的文字宣传任务，做好工作规划和工作总结，积极撰写与工作相关的论文或者报告。

（三）高校辅导员绩效考核内容的微观分析

1. 大学生思想政治教育

大学生思想政治教育是学生工作的重中之重。思想政治教育几乎覆盖了学生工作的各个片面，如日常事务性工作，高校辅导员需关心、关注学生的学习和生活状况，开展积极向上的教育活动；如新生适应性教育、爱国教育、学风建设等，都要求辅导员以形式新颖、喜闻乐见的方式呈现给学生，使学生更容易接受。作为思想政治教育工作者，高校辅导员应当有明确的工作指导思想和与时俱进的工作理念，不断加强自身修养的提升，提高业务水平和理论素养。辅导员应当建立畅通的学生沟通机制，第一时间了解和把握学生的思想动态，开展有针对性的教育和引导工作。

2. 大学生日常事务管理

大学生日常事务管理占用高校辅导员日常工作中的很大一部分时间和精力，涉及请假考勤、通知发布、奖学金评审、评先树优等。除此之外，高校辅导员还要做好突发事件的预案和防控、处理工作，做好学生特殊群体的教育工作，通过设计新颖、形式多样的活动，开展各类主题教育，帮助大学生树立正确的世界观、人生观和价值观。

3. 校园稳定工作

校园稳定工作是高校学生工作中的重点，其包含日常的安全稳定和突发事件两个方面。日常安全稳定需要高校辅导员准确把握学生平日里的思想动态，定期开展相关的教育活动，将问题和矛盾解决在萌芽阶段。而突发事件的处理对高校辅导员的危机处理能力有着较高的要求，尤其是敏感时期的稳定工作，高校辅导员更要具有较高的思想觉悟，及时防范，做好学生的思想疏导工作。

4.学生党建工作

一个党员，一面旗帜，每一位大学生党员都是大学校园内一面鲜红的旗帜，在学生群体中具有“领头羊”的作用。高校辅导员作为大学生的引路人，应该认真考察、培养、吸收优秀的大学生加入中国共产党。同时，高校辅导员应充分发挥大学生党员的先锋模范作用，活跃组织生活的氛围，丰富组织生活的形式，使高校党建工作呈现生机和活力。高校辅导员应当鼓励大学生开展有特色的组织生活，建设有特色的学生党支部，充分体现大学生党员的先进性。

5.校园文化建设

大学校园中的团委学生会的建设、班级团支部的建设和学生社区的建设都属于大学校园文化建设的范畴。高校辅导员应当通过团学活动、班团活动和社区活动等平台，培养优秀的学生干部，使其榜样力量辐射到更广泛的学生群体中，吸引更多的学生积极主动地参与各类集体活动，提升自己的综合能力，也使校园文化更加丰富多彩、和谐向上。

6.学风建设

学风建设是高校辅导员开展大学生思想政治教育工作的重要部分。优良的学风可以带动集体的成长，高校辅导员可以借助优秀学生的力量，在集体中营造浓厚的学习氛围。高校辅导员要加强考风、考纪的宣传工作，要教育大学生做一个诚信的人，真诚做人、坦诚做事，同时要借助集体活动、网络宣传等平台加强学风建设。

7.帮困育人工作

有一部分大学生由于家庭经济条件的限制无法及时交学费，或者生活比较拮据。高校辅导员应当给他们提供申请助学金的信息，建立帮困助学渠道。辅导员不仅要在生活上对他们进行帮困，更要在精神上、思想上对他们进行帮助和引导，避免这部分学生陷入自卑、自暴自弃的境况，要鼓励他们自强不息、自立自助，用自己的努力改变现有的状况，在精神上、行动上成长。

二、高校辅导员工作考核评价的方法

（一）高校辅导员工作考核评价的理论方法

高校辅导员工作考核评价的实施方法是体现考核评价原则的载体，直接影响考核评价目标实现及考核评价工作的效果。目前，考核评价常用的实施方法有以评促建、评建结合的方法，自我评价和组织评价相结合的方法，平时考核和集中评价相结合的方法，数量分析的方法等。

1. 以评促建、评建结合的方法

以评促建、评建结合的方法较好地体现了考核评价的原则和目的，以评促建、以评促改、评建结合、重在建设。这种方法实施的前提是必须有一个科学而严密的考评体系，考评体系基本覆盖辅导员工作的全部内涵；考评体系必须提前下发，它不仅是考评的依据，更是辅导员日常工作的一根指挥棒。高校辅导员在平时的工作中对照考评体系，巩固优势，发挥长处，弥补不足，边工作边建设，逐渐达到考评体系中的考评指标。这种考核需要加强平时的工作指导和检查，避免出现考评前突击应付指标体系的做法。这种方法要特别注意指标体系与人才培养目标的符合度，实际工作与指标体系的符合度，工作结果与工作目标的符合度。

2. 自我评价和组织评价相结合的方法

自我评价和组织评价相结合的方法有利于调动高校辅导员的工作积极性，特别是通过辅导员的自我总结、自我评价，明确自己的成绩与不足，明确下一步的工作方向，这对辅导员的发展是十分有利的。然而，自我评价必须与组织评价结合进行，这样自我评价才能更认真、更严肃、更有效果。自我评价主要通过个人撰写自我总结，在一定范围内交流自我总结，对照考核评价指标体系分析和自我总结，对照同事总结修正自我总结等过程来进行。组织评价主要是通过考评组听取自我总结，召开相关学生座谈会或进行学生问卷测评，同事之间互评及主管领导定性与定量评价等过程来进行。将学生测评结果、同事测评结果、领导测评结果、考评组测评结果进行综合，并结合个人自我评价形成最后考评意见。

3. 平时考核和集中评价相结合的方法

平时考核和集中评价相结合的方法将结果考评与过程考评相结合，更有针对性、客观性，能纠正过程与结果非线性因素造成的结果和过程的偏差。

没有结果的过程是没有实际意义的，偶然的结果也不能完全说明问题。因为人的成长是渐进的，是有一个过程的，工作效果往往是一个潜移默化的过程，所以，辅导员考核要将平时考核与集中评价相结合。平时考核主要考核阶段性工作、重点工作、临时工作及基础性工作。平时考核也要定期与不定期相结合。集中评价主要是在学期末、年末，通过对照考评体系进行系统性的综合评价，通过自我评价与组织评价相结合形成集中评价意见。最后，将集中评价结果与平时考核的记录按一定的权重折合，形成最终考评结论。

4.数量分析的方法

高校辅导员考评仅进行定性考评是不够的，必须与定量考评相结合。定量考评主要使用数量分析的方法，在必要时也可以通过建立数学模型进行数值分析。在实际考评过程中，能定量的应尽量定量考评，只有定量，才能客观地进行比较，才能分出高、中、低和好、中、差，才能最大限度地调动辅导员的工作积极性。因为做学生的工作影响因素较多，在进行数量分析时，要充分考虑各种必然和偶然的影响因素，所以要将定量与定性考评的结果有机结合。采取数量分析的方法，必须加强平时数字的记录，加强数字的积累，注意数字的客观性和横向、纵向的可比性。

（二）高校辅导员工作考核评价的具体方法

高校辅导员工作考核评价的具体方法有六个步骤：①辅导员个人认真总结一年来履行工作职责的情况，提交书面材料。②向所在系部师生述职。③师生民主评议。④党总支签署意见。⑤报学生工作处审定，对照表现，查看资料，确定考核档次。⑥人事处备案。

第三节　高校辅导员工作绩效评价长效机制的建设

高校辅导员工作绩效评价长效机制建设能为这支队伍的建立和可持续发展提供思想保障、组织保障、制度保障。所谓机制，原指机器的构造和工作原理。在社会科学中，机制一般是指某一个工作系统的组织或部门之间相互作用的过程和方式，是事物的存在、发展需要的稳定的内部条件和外部条件。长效机制则是指能够长期起作用的、具有保障性的基本条件。它有两个基本要求：一是要有相对稳定的、规范的和配套的制度体系，二是能够实现组织建设和制度运行的可持续发展。高校辅导员工作绩效评价长效机制建设需要学校和社会提供各种条件和各种保证，缺少这些条件和保证，就会影响绩效评价工作的实效性，从而影响这支队伍的可持续发展。因此，开展高校辅导员工作绩效评价长效机制建设研究，对于巩固和发展辅导员队伍，对于进一步加强和改进大学生思想政治教育工作，对于思想政治教育学科和高等教育学科理论的丰富和发展，具有重要而现实的战略意义。

一、提高认识，巩固长效机制建设的思想基础

不断提高对高校辅导员工作绩效评价长效机制建设重要性和必要性的认识，增强高校辅导员工作绩效评价的主动性和积极性，是高校辅导员工作绩效评价长效机制建设的重要思想基础。

（一）思想上要切实重视

一是要提高认识，统一思想。高等教育主管部门和高等学校必须切实提高思想认识，并不断深化思想认识，切实把高校辅导员工作绩效评价长效机制建设置于高校思想政治教育重要的战略位置，把它作为高校辅导员队伍建设的当务之急纳入工作日程，常抓不懈。这既在思想上、认识上重视长效机制建设的具体体现，也是巩固长效机制建设的思想认识基础。

二是要面向未来，立足长远。高等教育是面向未来的事业，是为未来培养合格的建设者和可靠的接班人的教育。因此，与育人有关的工作都应该立足现实、面向未来。高校辅导员工作绩效评价同样需要立足长远。另外，高

校辅导员工作绩效评价长效机制建设不是一成不变、一劳永逸的，不可能解决现存的所有矛盾和问题，也不可能预测出将要出现的所有矛盾和问题，它将随着时间及内部与外部条件的变化而不断丰富、发展和完善。高校辅导员工作绩效评价长效机制建设的目的，就是在提高认识的基础上，使评价的各个方面包括理论和实践工作不断深化，不断完善。

（二）认识上要不断深化

一是要把高校辅导员工作绩效评价长效机制建设看成整个高校思想政治教育长效机制建设的重要组成部分，将其纳入高等学校全面发展的整体，而不是任其孤立地、封闭地自我建设和自我发展。

二是要把高校辅导员工作绩效评价长效机制建设作为推动高校全面发展的强大动力。辅导员是开展大学生思想政治教育的骨干力量，是大学生日常思想政治教育和管理工作的组织者、实施者和指导者。高校辅导员工作的可持续发展，必然有效地推动整个高校快速、协调、持续和稳定发展。

三是要把高校辅导员工作绩效评价长效机制建设作为培养高素质辅导员的重要工程。通过长效机制建设，将高校辅导员个人发展的目标与整个高等教育发展的目标紧密地联系在一起，提高辅导员队伍的整体素质。只有建设一支高素质的辅导员队伍，才能保证高校辅导员工作的可持续发展，进而实现高校思想政治教育的可持续发展。

（三）观念上要与时俱进

一是明确长效机制建设不是一朝一夕的事，不能急于求成，要充分考虑现实状况和未来的发展，制定一个缜密的长远规划。

二是明确长效机制不是一成不变的，它是一种动态的稳定。马克思主义具有与时俱进的理论品质，高等教育的发展要与时俱进，高校辅导员工作绩效评价也要伴随高等教育的发展与时俱进，必须坚持与时俱进的理论思维，以发展的观点积极探索长效机制建设的新方法和新途径，拓宽长效机制建设的渠道和视野。

三是不断研究新情况、提出新对策、解决新问题，以创新的思维不断完善长效机制建设的相关措施，真正提高高校辅导员工作绩效评价的实效性。

二、加强领导，增强相关职能部门的工作权威

政治路线确定之后，干部就是决定性的因素，这是党在长期的革命斗争实践中总结出来的一条重要经验，也是我们在社会主义建设的实践中不断取得成功的重要经验。其主要内容体现在抓领导和领导抓两个方面。同理，高校辅导员工作绩效评价长效机制建设如果没有领导的支持和鼓励，或者领导的素质和能力无法适应该项工作，那么即使绩效评价计划设计得尽善尽美，也无法达到预期的效果。

（一）领导的素质决定绩效评价工作的质量

高校辅导员工作绩效评价长效机制建设是一个系统的工程，这必然对相关主管领导的综合素质提出较高的要求。从某种意义上说，相关领导的素质高低决定着高校辅导员工作绩效评价长效机制建设的成败。只有领导的素质高了，高校辅导员工作绩效评价长效机制建设的起点才会高，才能保证绩效评价工作的顺利进行，才能推动绩效评价长效机制建设。具体说来，相关领导必备的素质应包括以下几个方面。

第一，要讲政治，具有新时代的高度的政治责任感和育人的使命感，能以马克思主义的立场、观点和方法，认识、分析工作中遇到的各种问题，坚持正确的政治方向。全面贯彻习近平新时代中国特色社会主义思想，为全面建设社会主义现代化国家、全面推进中华民族伟大复兴而团结奋斗。

第二，要掌握相应的教育理论和教育科学，懂得教育规律，能够坚定地贯彻党的教育方针，坚持科学育人，把大学生思想政治教育放在至关重要的战略位置上，全面关心大学生的成长，全面推进素质教育的发展。

第三，要具备把握全局和科学决策的能力。领导者是组织者也是管理者，要着眼于高等教育的可持续发展，抓好大学生思想政治教育骨干队伍的建设，树立育人为本、德育为先、服务学生的教育理念，实行创新管理与和谐管理。

第四，要廉洁奉公，树立正确的权力观、政绩观和荣辱观，自觉抵制不正之风的影响，反对以权谋私，弘扬科学民主精神，办事公道，诚实守信。同时，领导的视野要高远，心胸要宽阔，要站在全局的高度思考问题，绝不能以职务之便去谋个人之私，个人的喜好和亲疏不能影响工作的开展。

第五，要具备与时俱进的工作理念，能从教育改革和发展的实际出发，坚持求真务实，坚持创新实践，不断变革工作思路，探索育人的新途径，推动大学生思想政治教育的科学化、实效性和可持续发展。

（二）加强对长效机制建设的领导

高校辅导员工作绩效评价长效机制建设，是大学生思想政治教育工作的重要组成部分，离不开各级领导的高度重视，只有领导重视、群众支持，才能真正有效地树立相关职能部门的工作权威，推动高校辅导员工作绩效评价长效机制建设的顺利进行。加强对长效机制建设工作的领导主要体现在以下两个方面。

第一，建立健全专门的领导小组及工作机构，落实领导责任制。在上级主管部门的统一领导下，各地教育主管部门、各高校要成立相应的辅导员工作绩效评价长效机制建设领导小组（也可并入高校思想政治教育领导机构），要有专门的领导负责，要有专门的机构负责日常工作，责任到人、责任到位，在同级党委和上级主管部门的指导下，扎实开展工作。

第二，把高校辅导员队伍建设相关问题纳入各级党政联席会议的重要议题，要建立健全党委统一领导、党政群齐抓共管、有关部门各负其责、全社会大力支持的领导体制和工作机制，形成全党、全社会共同关心支持高校辅导员队伍建设的合力，全面实现高校辅导员工作的可持续发展。

（三）发挥党组织在长效机制建设中的核心作用

第一，保证监督作用，即党组织要保证监督党和国家的方针、政策在高等学校的贯彻执行，要以马克思主义的基本理论、基本观点和基本方法指导高等学校的各项工作，保证高等学校的社会主义办学方向，保证高校辅导员工作绩效评价长效机制建设的正确方向。

第二，参与讨论和决定的作用，即党组织享有同教育行政部门的共同的决策权。党组织要积极指导并参与高等学校发展规划、学科建设、人才培养等各项工作，把高校辅导员工作绩效评价长效机制建设纳入高等学校发展的整体规划，切实提高该项工作的被重视程度。

第三，组织领导作用，即上级党组织对下属各级党组织及全体党员发挥直接领导的作用。高校辅导员是大学生思想政治教育的骨干力量，他们中的绝大多数是共产党员，是高校教师队伍和管理队伍中的先进群体，是高校思

想政治教育长效机制建设的重要力量。高校要通过党组织的领导，严格规范党内纪律，积极发挥高校辅导员中党员的先锋模范作用，为高校辅导员工作绩效评价长效机制建设提供坚强的组织保证。

三、重视培养，建设一支高素质的绩效评价工作队伍

高校辅导员工作绩效评价长效机制建设是一项复杂的工作，事关辅导员队伍的可持续发展，关乎大学生思想政治教育的大局。这必然对评价主体的思想政治素质和相关业务素质提出更高的要求，因而，各地区教育主管部门、各高等学校都非常重视评价人员的选择。实践中，很少有独立设置的部门和专门编制的人员负责高校辅导员工作绩效评价，更多的是从相关部门和学校临时抽调人员组成评价队伍。尽管抽调的人员多是各部门、各学校的骨干，但由于他们平时缺乏必要的培养和专门的训练，其理论水平、谈话艺术及相关业务知识的掌握等基本素质和能力，无法很好地适应评价工作的需要。因此，重视培养、努力建设一支高素质的绩效评价工作队伍就显得尤其重要。

（一）评价者的素质决定绩效评价结果的客观性与公正性

高校辅导员工作绩效评价是一门科学，具有专门的评价理论与评价技能，如选择和运用评价方法的技能、收集各种评价信息的技能、评价结果反馈的技能、撰写评价报告的技能、指导绩效改进的技能。

研究表明，在绩效评价过程中，评价主体的思想道德素质、知识、能力、信誉和威信非常重要。一个值得信赖的评价者必须做到公正、客观、坦诚，并且能够娴熟地掌握和运用评价理论、评价技能。当评价工作出现问题时，能够及时地解决问题、化解矛盾，使评价工作顺利开展。如果评价者政策水平不高、责任心不强、知识匮乏，不具备绩效评价工作所要求的素质和能力，开展评价工作时就必然受到评价对象的抱怨，势必影响高校辅导员工作绩效评价的客观性和公正性。不难发现，在高校辅导员工作绩效评价的实践中，一些评价者因为对绩效评价理论和技能一知半解，对高校辅导员的工作性质和工作特点知之不深，在制定评价方案时屡屡出错，实施评价方案时顾此失彼，得出的评价结果出现严重的偏差，导致高校辅导员工作绩效评价的预期效果与实际效果及辅导员工作实际表现与绩效评价结果严重不符。这

必然在很大程度上挫伤辅导员的工作热情，使他们对评价工作的认同感降低，从而为以后的评价工作设置了重重障碍。

在高校辅导员工作绩效评价的实践中，特别是当绩效评价的结果与评价对象的奖惩挂钩时，许多评价对象会更加关注绩效评价，甚至担心评价者没有掌握专门的评价理论和技能，从而导致评价结果不真实，使自己受到误解和不公正的待遇。因此，谁是评价者，他们是否了解辅导员的工作，他们是否掌握专业的绩效评价理论和技能，他们值得信任吗？诸如此类的问题迫切需要高素质的绩效评价工作队伍给出专业的回答。

高校辅导员工作绩效评价有其独特的理论和技能要求。为了确保高校辅导员工作绩效评价的客观性与公正性，评价双方尤其是评价者必须接受专门的培训，学习和掌握高校辅导员工作绩效评价的理论和技能。没有受过严格培训的人员不能担任评价者，否则难以达到应有的评价效果，甚至适得其反，引起评价对象极大的反感。

（二）努力建设一支高素质的绩效评价队伍

第一，组织评价者要认真学习绩效评价的内容及各项评价标准。在这一过程中，评价者不仅要从字面上理解评价内容和评价标准，还要深刻理解评价指标的指导思想及每个评价指标的具体含义。

第二，培养和提高评价者的观察力与判断力。在进行绩效评价时，评价者往往依据自己对评价对象的日常行为和工作表现的观察进行判断与评价。因此，评价者在培训的时候，一定要准确地把握各项评价指标的具体含义，抓住对评价对象进行日常观察的侧重点，从而提高依据有关信息进行判断的能力。

第三，培养和提高评价者的职业道德与责任意识。在评价过程中，出现评价失误最多的往往是那些事业心不强、责任意识淡薄的人，他们对绩效评价工作不认真、不重视，应付了事，或对评价对象弄虚作假的行为不闻不问、听之任之。因此，主管领导必须高度重视，培训部门必须反复宣传和要求，切实提高评价者的职业道德和责任意识，保证绩效评价工作的有效实施。

第四，通过典型案例进行实训。在培训工作中，组织者要认真讲解评价的意义、理论、原则、方法，同时要对评价者强调评价中经常出现的一些典型错误，如过宽、过严、主观偏见，向评价者说明发生类似错误的严重后

果；要通过一些典型的案例对评价者进行实训，让他们分别扮演其中的某一个角色，设身处地地进行演练，然后通过讨论和总结，及时发现问题，切实提高评价者的责任感和实际工作水平。

四、建立健全长效机制建设的制度规范

随着经济社会的不断发展和高等学校在各个时期的任务变化，以及国家和地方相关政策规定的陆续出台，各高校必须建立健全与之相适应的高校辅导员工作绩效评价长效机制建设的制度规范。特别是，在高校辅导员工作绩效评价长效机制建设实践中，各地教育主管部门、各高校探索和尝试了一些有效的方法和措施，要善于总结这些宝贵的经验，并进一步将其上升到理论高度和完善制度的高度，在加强制度建设方面力求新的突破，从而以制度创新带动工作创新。

建立健全长效机制建设的制度规范要着眼于解决长效机制建设中存在的实际问题，在完善原有的制度规范的基础上研究制定新的制度规范。对已有的制度规范特别是制定时间很久的制度规范，要结合时代的要求和任务的变化进行进一步修改，根据新的形势要求充实新的内容，使之不断完善，且行之有效。对应该建立而没有建立的规章制度，要结合地方和学校的具体情况，研究制定新的规章制度，以解决出现的新问题。

建立健全高校辅导员工作绩效评价长效机制建设制度规范，不是制定一两个辅导员工作绩效评价具体办法就万事大吉、一劳永逸了，它是一个系统化的工程。因为高校辅导员工作绩效评价不仅仅是教育主管部门和高等学校的事情，还需要全社会的关注和支持。在这个系统化的工程里，既有国家和地方制定的相关政策定，也有各高校制定的所有与之相关的制度规范。例如，关于辅导员选拔和聘用的相关制度、关于辅导员管理和评价的相关制度、关于辅导员培训和考察的相关制度、关于辅导员职称评聘和职务晋升的相关制度、关于辅导员工作经费保障的制度、关于辅导员承担课堂教学任务的制度、关于建立学习型辅导员组织的制度、关于设立辅导员科研基金的制度等。这些各有侧重又相互联系的制度规范，为高校辅导员工作绩效评价长效机制建设提供了重要的制度保障。

五、严格执行，确保长效机制建设措施的落实

好的制度关键在于贯彻落实。对于已经建立的规章制度不能很好地坚持和执行问题，必须查找原因，找出问题所在，进而对症下药，以除顽疾。同时，高校要加大对规章制度执行的领导力度，彻底解决执行不力、落实不到位的问题，切实把制度贯彻执行好，以期收到良好的效果。

（一）严格管理抓落实

第一，严格责任人制度。强化责任人制度是落实制度的重要抓手，便于明确职责，切实做到一级抓一级，层层抓落实。

第二，严格自查自检制度。自查自检旨在加强高校辅导员自我管理、自我提高的能力，强调高校辅导员组织或个人对照绩效评价的标准进行自查、自省、自改，及时发现自己存在的不足并加以改进。

第三，严格信息反馈制度。在长效机制建设过程中，高校要建立相应的信息反馈渠道，上级主管部门能够准确、及时地了解各地区、各高校制度落实的情况，对于发现的问题，能够及时采取措施，保证制度规范的落实。

（二）强化监督，抓落实

第一，大胆监督，不徇私情。好的制度收不到好的效果，其原因，要么是责任落实不到位，要么是监督检查不到位，更确切地说是不敢监督、不善监督。不敢监督是怕影响关系，怕得罪人，进而出现徇私舞弊现象；不善监督是方法不当，没有抓住问题的关键或监督的尺度把握不准。

第二，领导干部要带头监督。在长效机制建设的实践中，领导干部要以身作则，带头执行各项规章制度；要担负起自己的责任，监督检查制度规范的落实情况；对工作中可能出现的偏差或制度落实不力等情况，要主动想办法监督改进。

第三，畅通监督渠道。各地教育主管部门、各高校主管领导要定期深入基层，通过座谈会、访谈等多种形式，及时了解长效机制建设制度规范的落实情况，同时要畅通各种监督渠道，鼓励基层的高校辅导员讲真话、说实情。

（三）工作创新抓落实

一是积极采用新技术和新手段。目前，网络和多媒体技术被广泛应用到

高等学校的教学科研中，新技术带来了教学方式的变化。高等学校具备应用新技术的人才优势，要充分利用网络等新的技术平台，大胆应用不断出现的新技术，创新活动方式和手段，提高落实长效机制建设制度规范的水平。

二是创新主题实践活动。在长效机制建设过程中，各地教育主管部门、各高等学校要对照辅导员工作绩效评价的指标要求及相关制度规范的内容要求，开展丰富多彩的主题实践活动，要不断丰富主题实践活动的内容，围绕主题设计一些子主题，不同地区、不同高校要体现出不同的特色，做到主题鲜明、亮点众多。

六、开展研究，探索绩效评价工作的规律

大学生思想政治教育是有规律可循的，高校辅导员工作绩效评价长效机制建设同样有其自身的规律。掌握长效机制建设的规律能够有针对性地开展工作，进而提高工作的实效性。高校辅导员工作绩效评价长效机制建设理论研究属于科学研究范畴，必须坚持科学的态度和科学的精神，注重理论研究的思想性、科学性和实践性的要求。

（一）坚持理论研究的思想性

高校辅导员工作绩效评价长效机制建设理论研究的思想性，要坚持以马克思主义为指导，全面贯彻党的教育方针；要坚持不懈地传播马克思主义科学理论，抓好马克思主义理论教育，为学生的成长奠定科学的思想基础；要坚持不懈地培育和弘扬社会主义核心价值观，引导广大师生做社会主义核心价值观的坚定信仰者、积极传播者、模范践行者；要坚持不懈地促进高校的和谐稳定，培育理性平和的健康心态，加强人文关怀和心理疏导，把高校建设成为安定团结的模范之地；要坚持不懈地培育优良的校风和学风，使高校发展做到治理有方、管理到位、风清气正。在理论研究中必须运用马克思主义的立场、观点和方法，不论是继承古代的传统，还是借鉴外国的经验，都要有坚定的立场和科学的方法，去粗取精，去伪存真，古为今用，洋为中用。对高校辅导员工作特点的认识和分析，对高校辅导员工作中出现的各种现象的认知和分析，都要秉持实事求是的精神。要坚持理论研究的价值导向，努力培养一大批坚持正确的政治方向，理论基础好、专业能力强、富有远见和理论创新精神的专家型学科带头人与理论工作者。

（二）坚持理论研究的科学性

科学研究是探索客观事物发展变化的规律，并形成认识成果，将认识成果运用于实践的过程。高校辅导员工作绩效评价长效机制建设理论研究的科学性，要求理论工作者在开展研究的时候要树立科学的态度和科学的精神，注重理性思维的培养，善于从本质上认识事物，善于透过现象认识事物的本质；要善于发现问题、思考问题，具有较强的问题意识；能够全面地、辩证地认识事物，善于调查研究，从调查研究中和信息整合中找出问题的症结，进而得出科学的结论，把握其应有的规律。长效机制建设理论研究应该是系统的、符合逻辑要求的，要坚持理论与实践相结合、历史叙述与逻辑阐述相结合。

同时，高校辅导员工作绩效评价长效机制建设理论研究的科学性还体现在它本身所具有的学科属性。高校辅导员工作绩效评价长效机制建设理论研究从属于高等教育学和思想政治教育学，它以马克思主义的教育理论和思想政治教育理论为指导，具有相关学科的知识来源，有特殊的研究对象和研究领域。它所揭示的辅导员群体特征、辅导员生涯发展的规律、辅导员工作职责和辅导员工作要求的规律等。以学科建设的视角研究这一新的课题，将有利于提高高校辅导员工作绩效评价长效机制建设理论研究的科学性。

（三）坚持理论研究的实践性

人们对客观事物规律性的认识不是一次就能够完成的。一个正确的认识，往往需要经过由物质到精神，由精神到物质，即由实践到认识，由认识到实践这样多次的反复，才能够实现。高校辅导员工作绩效评价长效机制建设理论研究具有坚实的理论基础，它更多地属于应用性研究，而研究是为了应用。它源于实践，又回归实践、指导实践，使研究成果服务实践，有很强的可操作性。它的理论是全国十几万名高校辅导员工作的总结，是经过实践检验了的宝贵财富。同时，这一理论研究成果又回归实践，指导高校辅导员继续有效地开展工作。因此，在开展相关领域的理论研究时，要坚持专业理论工作者的研究与高校辅导员的研究相结合，要鼓励和支持工作在大学生思想政治教育第一线的辅导员开展相关研究，将他们在工作实践中取得的成功经验上升到理论的高度，为专业理论工作者的深度研究提供最直接、最感性的材料。同时，也鼓励和支持高校辅导员在实践探索的过程中不断提高自身的理论修养，不断提升自身理论研究的水平，从而培养出一大批专家型的高校辅导员，为高校辅导员工作绩效评价长效机制建设提供理论支持和人才保障。

该领域的研究也应该向其他学科的理论研究一样，有相关的立项，明确任务、明确要求，定期推出科研成果。当前，最重要的一点是尽快在高等教育学科和思想政治教育学科发展中形成高校辅导员工作学科方向，把辅导员工作理论作为学科建设的一部分。这样做不但有利于辅导员工作的科学化和可持续发展，而且有利于为辅导员工作绩效评价长效机制建设奠定学科基础。这是理论建设的基础性工程，必须形成共识，认真做好。

第四章　高校辅导员能力提升策略

第一节　高校辅导员意识形态工作能力提升策略

一、高校意识形态工作的内涵

（一）意识形态工作的内涵

意识形态工作顺应时代的发展而存在。随着党和国家对意识形态问题的重视，意识形态工作越发显得重要。不过，关于到底什么是意识形态工作，当前学术界并没有形成统一的认识。我们对意识形态工作含义的理解首先要把握与其相关的概念，而与其相关的概念是意识形态安全和宣传思想工作。

意识形态安全主要指的是主流意识形态安全，大多数学者认同的意识形态安全是指一个国家以核心价值体系为标志的主流意识形态地位能否长期保持稳定，自身能否阻挡外来冲击、避免内部思想混乱的状态和能力。我国宣传思想工作是意识形态工作不可分割的重要内容，即一项以维护阶级统治为目的的意识形态活动，最根本的就是巩固马克思主义在意识形态领域的指导地位，巩固全党全国人民团结奋斗的共同思想基础。从内涵上来看，三者具有紧密的相关性，即意识形态工作就是通过宣传思想工作这一主要途径维护国家的意识形态安全。

现阶段，学术界对意识形态工作的内涵也有一定的研究成果，但未形成统一的共识。郑永延和林伯海在《坚持高校意识形态工作的领导权与话语权》中指出，意识形态工作涉及社会的各领域、各方面，是通过意识形态的构建、发展、宣传、批判等方式来贯彻阶级和政党的宗旨的活动。

综上所述，可以将意识形态工作归纳如下：党和国家建构意识形态体系，并依靠宣传、教育、批判等众多途径，宣传马克思主义和社会主义核心价值观，以确保主流意识形态在社会的长期保持，从而达到避免国家思想混乱、维护国家意识形态安全目的的一种活动。

（二）高校意识形态工作的内涵

高校意识形态工作属于高校思想政治教育工作的重要范畴，从总体上来说，二者相互依存，是部分与整体的关系。面对各种各样的社会思潮和一系列新思想、新观念，高校意识形态工作对广大师生的意识形态认识具有统一思想的作用，为思想政治教育工作的顺利开展创造了相对稳定的意识形态环境。因此，做好意识形态工作是开展思想政治教育的重要条件和内在要求，其在整个思想政治教育工作中发挥着不可替代的重大作用。但是在实际工作中，高校意识形态工作并不等同于高校思想政治教育工作。具体来讲，高校意识形态工作有以下特点。

第一，高校意识形态工作以马克思主义理论为指导思想。高校不断深化科学研究，尤其致力于马克思主义理论的研究与建设，积极推进马克思主义理论与中国特色社会主义理论的有机统一。同时，高校意识形态工作者以马克思主义理论和中国特色社会主义理论体系为指导，聚焦高校的理论和实践问题，解决广大师生普遍关注的政治与现实问题。

第二，高校意识形态工作的对象是全体大学生和广大教职工，而思想活跃、易接受新鲜事物、心智不成熟的大学生群体是高校意识形态工作的主要工作对象。高校意识形态工作主要就是做大学生的工作，要以大学生为工作主体，通过把握当代大学生的思想特点和意识形态特点，有针对性地开展意识形态工作。

第三，课堂是高校意识形态工作的主要阵地。课堂是高校传授理论知识、开展育人工作的主要场所。其中，思想政治理论课是高校传播意识形态理论、开展意识形态工作的主渠道。高校思想政治理论课具体包括马克思主义基本原理概论、毛泽东思想和中国特色社会主义理论体系概论、中国近现代史纲要、思想道德修养与法律基础及形势与政策等。

第四，高校辅导员队伍在高校日常意识形态工作中占有重要分量。广大高校辅导员处于大学生意识形态工作的第一线，是与大学生接触最多的意识形态工作者，一切工作都是为大学生群体服务的。在这种优势下，大学生的各种思想意识问题经常具体化地呈现在辅导员面前，辅导员能够较为准确地了解大学生的思想意识和行为动态，及时发现学生中出现的新问题，尽早探索解决问题的对策。

从高校意识形态工作的特点出发，我们可以把高校意识形态工作概括为：通过课堂等众多途径，把大学生培养成社会主义合格的建设者和可靠接班人的一种工作。

二、高校辅导员意识形态工作能力的内涵

高校辅导员意识形态工作能力的发挥是高校实现教育目的和完成教育任务的基础，是做好意识形态工作的基本要求。随着党和国家对高校辅导员队伍的重视和关怀，以及高校意识形态领域面对的新挑战，辅导员的意识形态工作能力逐渐被摆在一个战略位置上。界定辅导员意识形态工作能力的概念需要厘清辅导员意识形态工作能力的层次结构。高校辅导员意识形态工作能力由以下几方面的内容构成。

第一，学生思想意识洞察力。大学生思想意识多样性和多变性特点需要辅导员具备学生思想意识洞察力。思想意识洞察力要求高校辅导员具备及时了解学生学习生活、思想上的困难并提供相应帮助的能力。与普通授课教师相比，高校辅导员可以深入大学生学习生活的各个领域，时时刻刻为学生解答思想意识的困惑或提供意见。如果那些错误的思想意识在萌芽阶段就被辅导员及时发现并疏导，就可以避免严重的错误发生。因此，高校辅导员要对学生的思想意识具备一定的洞察力，敏锐察觉学生的思想意识变化，并对其进行深入的了解和分析，使后续采取的措施更具有针对性。

第二，社会思潮的判断能力。大学生是一个比较特殊的社会群体，自控能力差、思想可塑性强，容易受到各种思想流派的影响。高校辅导员作为高校意识形态工作者，就必须积极引导大学生抵制不良思潮的诱惑。从这种角度分析，高校辅导员就要拥有社会思潮判断能力，明白错误思潮和正确思潮的界限，从根本上搞清楚哪些是需要大力弘扬和提倡的，哪些是必须抵制的，为学生树立正确的思想旗帜，以过硬的社会思想判断能力胜任意识形态工作，当好学生的意见舵手。

第三，马克思主义理论理解能力。意识形态工作的核心与主旨是巩固马克思主义的指导地位，巩固全国人民共同奋斗的思想基础。高校辅导员是高

校传播马克思主义理论的重要力量，其马克思主义理论素养的高低直接影响工作效果和学生的学习效果。高校辅导员通过自觉进行马克思主义理论的系统学习掌握最前沿的理论知识，在工作中用马克思主义的立场、观点、方法认识世界和了解世界，把意识形态工作和马克思主义理论深度结合，适应新时代对辅导员意识形态工作能力的要求。

第四，马克思主义理论传播能力。高校辅导员作为马克思主义理论传播的重要力量，要充分发挥自身优势，把马克思主义理论贯穿意识形态工作的全过程，把课堂教育、校园活动、社会实践等众多形式作为马克思主义理论传播的重要阵地，不断增强大学生对马克思主义的政治认同、理论认同和情感认同。

综上所述，高校辅导员意识形态工作能力就是辅导员基于自身工作的需要，由学生思想意识洞察力、社会思潮的判断能力、马克思主义理论理解能力、马克思主义传播能力等构成的，关乎高校意识形态工作成效、关乎社会主义人才培养目标实现的一种必备职业素质。

三、高校辅导员意识形态工作能力提升的必要性

高校是我国培养新时代中国特色社会主义建设者和接班人的重要基地，但也是西方势力进行意识形态渗透和分化的重要场所。由此可见，高校意识形态工作有着独特的必要性和迫切性。在实际工作中，高校辅导员直接对学生思想政治教育负责，掌握着学生思想发展动态的第一手资料，他们是进行高校意识形态工作的关键一环，其意识形态工作能力直接关系到高校意识形态工作的进展。所以，高校辅导员意识形态工作能力的必要性凸显，其必要性主要体现在以下三个方面。

（一）实现辅导员队伍专业化和职业化的必然要求

高校辅导员制度的发展史可以追溯到20世纪50年代。1952年，清华大学建立了学生政治辅导员制度，要求辅导员在专门负责业务学习的同时重点进行思想政治教育工作，这是高校对辅导员制度的首次尝试。随着高校辅导员工作内容不断增多，高校辅导员工作职责逐渐明晰，工作不断得到调整和发展，高校辅导员的地位和重要性也得到了确定。《普通高等学校辅导员队伍建设规定》明确指出，辅导员是开展大学生思想政治教育的骨干力量，

是大学生日常思想政治教育和管理工作的组织者、实施者和管理者。纵观辅导员制度的发展历程不难发现，辅导员的工作重点在于围绕大学生的思想政治教育工作，工作内容具有意识形态属性。

辅导员专业化指从事高校辅导员工作的人员必须经过专业化的理论和实践能力培养，要树立专业意识、掌握基本的专业技能，并在工作实践中不断加强专业的继续学习和培训。由此可见，辅导员队伍的专业化是建立在辅导员具备丰富意识形态专业知识和较强的意识形态工作能力基础上的。辅导员队伍职业化、专业化的要求，决定了高校辅导员意识形态工作能力提升的必然性。从辅导员的工作对象来看，数千万的大学生生活在改革开放不断扩大、市场经济深入发展的新时代，独生子女占有较大的比重，这些现状都加大了辅导员意识形态工作的难度。从高校辅导员的工作任务来看，辅导员一人管理多个班级和数百名学生，要想在大范围内顺利开展意识形态工作，现有的意识形态工作能力已经远远不能应对目前的复杂局势。而且，当前不同辅导员的意识形态工作经验、专业特长、能力素质都有所差别，意识形态工作能力参差不齐。高校辅导员意识形态工作能力强，就会在意识形态工作中游刃有余，工作成就感高；高校辅导员意识形态工作能力不足，其工作成效就会大打折扣。因此，只有不断提升高校辅导员的意识形态工作能力，才能为辅导员队伍的专业化、职业化扫清障碍，最终实现真正的专业化、职业化。

（二）培养社会主义合格建设者和可靠接班人的现实需要

青年一代有理想、有本领、有担当，国家就有前途，民族就有希望。高校辅导员承担着培养社会主义事业建设主力军的重任，其意识形态工作能力事关大学生的思想政治素质的高低。辅导员只有具备较高的意识形态工作能力，才能把大学生培养成思想端正、综合素质良好的社会主义合格建设者和可靠接班人。

从目前的局势来看，国际局势动荡，中国进入全面建设社会主义现代化国家的新时代。国内外的这种局势加大了对高校的影响。特别是，一些非主流意识形态、非主流价值观的宣扬给大学生带来了很多困惑，这种困惑直接影响他们的政治立场和思想意识。要解决大学生思想意识上的困惑，就需要有受过专门意识形态知识培训、丰富意识形态实践经验的辅导员给予帮助和指导。但事实上，辅导员意识形态工作能力远不能达到这样的要求，他们仅仅依靠现有的意识形态工作能力来解决大学生的意识形态问题是不够的。

面对这种状况，高校辅导员要完成高校赋予的重要任务，力求为社会主义培养出更多符合要求的人才，实现教育目标，就必须具备较高的意识形态工作能力。只有辅导员不断提高意识形态工作能力，才能更好地引导大学生把握社会主流价值观，增强思辨能力，培育广大大学生的中国特色社会主义的道路自信、理论自信、制度自信、文化自信。

（三）维护国家意识形态安全的客观要求

一个国家能否维护意识形态安全，直接影响着这个国家的和谐与稳定。国家安全包含高校意识形态安全，高校意识形态安全在维护国家安全中发挥着不容忽视的作用。近几年，西方敌对势力把意识形态渗透的领域逐步向高校转移，以思想渗透为依托，对正处在世界观、人生观、价值观形成时期的大学生传播西方的一套价值观，企图削弱我国主流意识形态对大学生的吸引力，引起大学生思想混乱，进而引起大学生政治动乱，影响校园的稳定，威胁国家的意识形态安全。面对多元思潮的冲击，大学生在进行判断和选择的时候不可避免地会出现偏颇和错误，这就迫切需要与大学生接触密切的高校辅导员自觉通过意识形态工作，培养大学生在多元思潮中分辨良莠的能力。

正因为高校辅导员承担着高校意识形态工作的重任，所以广大辅导员要把提高这方面的能力当成关乎国家意识形态安全的重要内容。辅导员有较高的意识形态工作能力，可以不断促进大学生群体对社会主义核心价值观的认同感，促进大学生群体思想意识的稳定，进而维护高校意识形态安全，把主流意识形态遭受的外来威胁和侵害降低到最小，最终实现国家意识形态安全稳定的目标。

四、高校辅导员意识形态工作能力提升存在的问题

目前，各地高校辅导员的意识形态工作能力相对于之前明显提升，总体达到良好状况，但是要想达到国家对高校辅导员意识形态工作能力的要求，还需进一步努力。部分辅导员由于主观因素和客观环境等因素的影响，导致他们在工作意识、工作方式等方面仍存在着一些问题，这些问题也是阻碍其意识形态工作能力提升的关键因素，需要人们高度重视。这些问题主要体现在以下三个方面。

（一）高校辅导员意识形态工作意识不强

意识形态工作意识包括高校辅导员对意识形态工作的热情度和责任感，对高校意识形态工作的及时性和防范性都存在一定的影响，是意识形态工作能力提升的基础条件。在实际工作中，高校辅导员的意识形态工作意识还有待提高。辅导员工作并没有那么简单，辅导员常常会扮演着“消防员”等角色。很少有辅导员把工作意识集中专注在意识形态问题上，无法达到意识形态工作的广度和深度。目前的工作角色导致辅导员对意识形态工作缺乏应有的责任感和防范性，在实际工作中缺乏防患于未然的责任意识。只有当学生思想出现问题时，辅导员才想到去解决问题，在学生日常的学习生活上并没有及时发现问题并进行预防教育。

高校辅导员是离学生最近的教师，学生对辅导员的依赖一定程度上大于任何学科的教师，他们需要辅导员作为良师益友对其进行思想上的解惑、学习生活指导和心理健康辅导。但是调查结果显示，部分辅导员意识形态工作意识不强，没有扮演好应有的角色，无法满足学生在思想意识上的需求，与学生对其的依赖和需求不一致。此外，意识形态工作是一个循序渐进的过程，出了问题才解决问题，起到的教育作用也只是暂时的，缺乏前瞻性，长此以往，就可能造成辅导员意识形态工作的滞后性。

工作意识可以说是人们对自己职业角色的思想认同，是完成一项工作的最初起点，一个真正的意识形态工作者应该拥有极高的工作意识、工作热情和责任感。高校辅导员意识形态工作意识欠缺，往往会降低工作的积极性和责任感，将会导致一些苗头性、倾向性问题渐渐凸显，从而影响整个意识形态工作的效果。

（二）高校辅导员网络意识形态工作能力不足

英国社会学家约翰·B. 汤普森曾说：“现代社会中的意识形态分析，必须把大众传媒的性质与影响放在核心位置，虽然大众传播不是意识形态运作的唯一场所。”在互联网技术兴起之前，报纸、书籍、广播、电视等媒介是意识形态传播的主要载体。而今，科学技术的发展把网络引进人们的生活，网络成为意识形态的主要传播载体。

网络环境给高校意识形态工作者带来了巨大的冲击，使意识形态工作的过程更加复杂化。网络犹如一把“双刃剑”既给辅导员意识形态工作带来了机遇，又带来了挑战。这些挑战主要包括以下内容：

首先，网络信息良莠不分。伴随着网络的发展，一些腐朽、落后的思想文化难免涌入大学校园，部分辅导员受自身专业知识和知识更新储备速度的制约，在区分网络信息这方面存在力不从心的现象，严重影响了对信息的把控能力。此时，当大学生受到带有诱惑性、欺骗性的网络信息伤害时，高校辅导员无法有针对性地对网络信息进行正确的分析和解读，帮助学生免受伤害。

其次，网络信息传播速度快。一些腐朽的、与主流价值观相悖的信息和极端的言论极易通过网络快速传播，发酵成恶劣的网络事件。有些别有用心的人利用网络事件在网络上“带节奏”，形成网络暴力。大学生正处于价值观形成的关键时期，面对被发酵的网络事件往往变得摇摆不定，甚至是无所适从。高校辅导员在面对此现状时也感觉力量不够，很难招架，无法把深陷网络旋涡的大学生解救出来。

最后，网络信息海量。高校辅导员工作时间和精力有限，无法对海量的网络信息进行逐一的阅读。同时，由于自身立场和关注点的不同，辅导员和大学生获取信息的内容可能存在较大的差异。辅导员与学生获取信息的内容严重脱节可能导致应对学生问题的滞后性，以致无法针对具体问题对大学生进行有效的教育和引导。

（三）高校辅导员意识形态正向引导能力不强

高校辅导员作为与大学生日常接触最多的教师，他们的思想意识和行为活动会对大学生产生潜移默化的影响。高校要想做好意识形态工作，首先要求辅导员拥有正确的思想意识和行为，能够准确把握意识形态形势，充分发挥正向引导作用，保证学生意识形态稳固。如果高校辅导员的思想意识和行为活动做出了错误的示范，对意识形态形势进行了错误的分析，大学生就会效仿，难免会受到不同程度的伤害。遗憾的是，部分高校辅导员有一些错误的思想和意识，导致他们不能对意识形态形势准确把握。

第一，部分高校辅导员意识形态引导方向出现了一些问题。言传身教、以身作则是辅导员进行意识形态引导的最佳方式。但是，在实际的工作中，有些政治立场不坚定的辅导员在理解和把握意识形态上存在一定的偏差，各种错误的思想意识陆陆续续地影响他们的言行和举止，并对大学生产生了一定的误导。部分高校辅导员价值观出现了功利化倾向，有些高校辅导员抛弃了教师单纯的奉献精神，在日常生活中形成了以自我为中心的个人主义价值

观，他们以追求个人利益实现自我价值为目标，把获取物质利益和个人利益作为价值判断的标准，造成极端个人主义的滋生。大学生心智未发育健全，独立判断能力和辩证思维能力较为薄弱，不能准确把握某些社会现象。如果大学生受到辅导员这种错误价值观念的影响，极易迷失自我，引发错误的价值判断和价值取向，消极影响不可估量。

第二，部分高校辅导员意识形态正向引导手段欠缺。有些辅导员是刚刚毕业的研究生，自身阅历浅，工作经验不足，在实际工作中对意识形态理论知识理解得不够深入，对社会思潮缺乏准确的认识和判断，对党中央的文件及其精神贯彻得不透彻，在工作方式上依赖老一辈教师的间接经验，不能与实际问题具体结合。在这种情况下，年轻的辅导员无法采取有效措施处理意识形态问题。

高校辅导员作为意识形态工作者，应该具备较强的正向引导能力，但部分高校辅导员在实际工作中缺乏深厚的意识形态鉴别能力，政治立场不坚定，在大是大非面前极易迷失方向，跟着错误的思潮走。这种状况既阻碍了辅导员自身的发展，也浸染着学生的思想意识，影响了大学生的健康成长。针对特殊的大学生群体，高校辅导员如何将正确的思想传递给学生，这是作为意识形态工作者需要思考的严峻问题。

五、高校辅导员意识形态工作能力提升策略

（一）明确岗位职责和肩负的使命

对高校辅导员而言，其最重要的工作职责就是通过开展有效的意识形态工作帮助大学生牢固树立美好理想信念，让社会主义主流意识形态在高校的主导地位真正得到巩固。高校辅导员职责繁多，要想提升意识形态工作能力，第一要务就是明确岗位职责和肩负的使命。

第一，高校辅导员作为大学生意识形态工作的重要力量，要时刻谨记把做好学生的思想政治教育工作当作主要职责和任务；要时刻谨记自己的身份首先是辅导员，其次是咨询员，最后是服务员和管理员；自己的工作并不是简单地对大学生进行看管，也不是简单地为学生提供咨询服务，而是要把意识形态工作当作一项十分重要的职责，同思想政治理论课教师一样，成为从事高校意识形态工作的骨干力量。

第二，高校辅导员要认识到高校意识形态建设是一项战略性工作，提高意识形态工作能力也是一项战略性工作。辅导员要从思想上树立战略意识，认清自身工作能力是突破大学生主流意识认同困境的重要抓手，切实承担起党和人民赋予的重要使命和责任。对意识形态工作中出现的问题要敢抓、敢管、敢亮剑，勇于直面错误的思潮，真正履行意识形态工作者的责任，把高校意识形态建设工作落到实处，取得实效。

第三，高校辅导员要有明确的责任意识，保证从事意识形态工作的时间，相应减少其他事务性工作。辅导员要想从根本上提高意识形态工作能力，就要从意识和行为上转变自己的错误定位，明确自己的岗位职责和肩负的使命，弄清楚哪些工作是应该做的，哪些工作是必须做的，协调与学校各职能部门的关系，要学会“弹钢琴”，把自己从繁杂的事务性工作中解脱出来。

高校辅导员只有从思想上对自己所从事的工作进行准确的定位，才能确定自己的工作范围，明确自身的岗位职责和肩负的使命。辅导员要增强意识形态工作责任感，合理分配工作时间，把工作重心放在对大学生进行意识形态教育和行为引导上。

（二）夯实马克思主义理论基础

马克思主义凝结了几代人智慧的成果，是系统的世界观和方法论。它规定了社会主义的发展方向，为人们建构共同理想和行为准则提供了思想基础，是宝贵的理论财富和思想精髓。高校辅导员加强马克思主义理论的学习，是提升工作能力的基础，也是队伍能力建设应该包含的重要方面。

第一，夯实马克思主义理论的坚实基础。高校辅导员加强马克思主义理论学习的自觉性是夯实基础的关键。高校辅导员夯实马克思主义理论基础一个重要途径就是有意识地、自觉地进行学习、总结、提高。辅导员要树立终身学习理念，把马克思主义理论学习作为一项长期的重要任务，建立长效化、常态化的学习制度；大量阅读马克思主义相关经典文献，在品味原著中理解马克思主义理论，更深入地了解马克思主义的世界观和方法论；重视对马克思主义理论学习，加强马克思列宁主义、毛泽东思想、邓小平理论、“三个代表”重要思想、科学发展观、习近平新时代中国特色社会主义思想的学习；同时，要注重把党的方针政策和理论学习相结合，对党和国家的方针政策进行全面掌握、准确理解、灵活运用。

第二，提高理论运用能力。运用理论的水平不仅能检验理论学习效果，还体现着理论修养。辅导员要提高意识形态工作能力，就要把马克思主义理论作为进一步坚定政治立场的基础，把改造主观世界和改造客观世界相结合，反思自身对意识形态认识的不足和偏差。在日常工作中，辅导员要学会用马克思主义立场、观点看待和分析问题，培养科学的思维方式，灵活运用马克思主义理论，学会在比较分析中用深厚的马克思主义理论功底明辨各种社会思潮，对错误的社会思潮进行抵制。同时，辅导员要坚持用马克思主义来主导意识形态工作，锻炼学生用马克思主义对错误思潮进行抵制，用马克思主义理论回应大学生意识形态认识过程中的各种热点、难点、重点问题。

高校辅导员意识形态工作能力提升是一个动态过程，辅导员要完成这项艰巨的任务，就要边学习、边实践。在实际工作中，辅导员要运用马克思主义理论观察和思考各种实际问题，深刻把握社会发展状况和大学生成长过程中思想意识的变化，善于结合实际工作的需要，主动了解意识形态工作中遇到的新理论、新问题，注重与时俱进，夯实自己开展意识形态工作能力的理论基础。

（三）创新意识形态工作引导的有效策略

提高和加强高校辅导员意识形态工作能力，要求辅导员坚持与时俱进，不断更新和拓展意识形态工作方法，让意识形态引导的方式更加时代化、灵活化、生活化。

首先，高校辅导员要根据大学生的特点创新意识形态工作引导策略。大学生的思维活跃，对新鲜事物接受较快，这个时代的共同特征在他们身上都有所凸显，他们不再愿意通过单一的方式接受教育，更多的是想要在参与和体验中接受教育。因此，辅导员要紧跟时代步伐，创新工作方法，拓宽新的开展意识形态工作的渠道，使教育内容具有时代化，贴近学生的日常生活。在遵循大学生对意识形态的接受规律的基础上，辅导员要创新教学方法，探索新的、学生乐于接受的教学组织形式，努力调动学生的积极性，使工作的开展更加贴近学生。在开展工作过程中，辅导员要整合校园内外的教育资源，如开展以意识形态为主题的报告会、学术讲座，参观走访博物馆和展览馆、参加社会公益活动。辅导员在组织学生参加活动的过程中，找到校园文化与开展核心价值观教育的有机结合点，在实践活动中扩大社会主义核心价值体系的感召力与影响力，帮助大学生走出认同意识形态的困境，引导他们主动向社会主义核心价值观等社会主义主流意识形态靠拢，使意识形态工作在学生实践活动中得到有效开展。

其次，高校辅导员要把握网络这一新技术，创新意识形态工作引导策略。网络是意识形态斗争的主要战场，要占领这个战场并掌握主导权，广大辅导员需要主动地学习和利用网络，掌握先进的网络技术，通过网络与大学生进行各种形式的交流与讨论，使意识形态工作方式更具有时代性。辅导员要积极主动地加入网络空间，占领网络意识形态的领地，重视网络意识形态教育，积极探索和推进意识形态教育与网络的融合。例如，微信、QQ、微博、贴吧是当代大学生交流信息和传递思想情感的主要工具，辅导员要善于利用这些工具了解学生的思想动态，通过这些工具搭建正面舆论宣传平台，如建立微信公众号，讲解和分析当日发生的社会热点事件，或传播党的声音，努力占领网络意识形态教育的前沿阵地。

改革创新是高校辅导员提高意识形态工作能力的强大动力。辅导员提高意识形态工作能力，就必须根据当代大学生的新特点、意识形态工作的新特点在传统引导方式的基础上积极摸索出一种最适合的工作方式，让自身成为开展学生意识形态工作中的中坚力量。

（四）建立健全辅导员选拔任用机制

各个高校应该充分认识到辅导员整体水平对人才培养、高校发展的重要性，同时要结合实际营造规范的外部环境，规范选拔任用机制，从源头上保证辅导员的整体水平。近几年，国家和高校对辅导员的身份、素质要求、岗位职责等都做出了详细的规定。当前，高校选拔任用辅导员都在规定的依托下进行，应该充分发挥规定的优势，同时要查漏补缺。

第一，要严把高校辅导员准入门槛。目前，有关规定对辅导员职业的准入做出了一个要求：所学专业为思想政治教育或相关专业。但是，此项要求比较笼统，没有对高校辅导员的基础科目和专业科目做出具体规定。在严把高校辅导员准入门槛方面，首先，国家和高校应出台标准，明确规定进入辅导员行业的具体要求，尽可能多选用学习过思想政治教育、教育学、心理学等有益于日常意识形态工作开展的专业人士来从事相关工作，拒绝一味追求高学历，而忽视专业素质的要求。其次，高校要考察应聘人员的知识能力。高校要重点考察应聘人员对马克思主义基本原理、马克思主义中国化的最新成果及现代思想政治教育学的理论和方法的掌握情况。高校应要求应聘人员建立起以思想政治教育为依托的系统的知识结构，形成履行意识形态工作职责的基础和前提，在处理意识形态问题时表现出良好的专业素质。最后，选拔的人员要思想素质好，作风良好，热爱学生工作并充满责任心。

第二，优化选聘渠道，增加辅导员人数。高校要按照辅导员与学生人数1：200的比例配备辅导员，增加辅导员的人数。高校可以根据学校长远规划和具体任职的院（系）要求选拔本校具有较高的思想政治素质的人才，并且思想、行动两方面都不能偏离党中央的方向，把真正具备从事意识形态工作专业知识背景的优秀应届毕业生充实到辅导员队伍中。高校要坚持公开、公正、公平的原则，实行对外公开招聘，更大范围地发布招聘公告，使辅导员的来源更加丰富。在公开招聘的过程中，高校可以从本校优秀的、具有丰富的教学经验和理论基础的思想政治理论课教师中选拔合适的人担任辅导员，他们可以将意识形态教育融入日常教学工作中，与学生交流更加便利。

严格的辅导员准入标准，一方面能实现选聘配备工作的科学化和规范化，能把具备较强的意识形态工作能力又真正热爱高校意识形态工作的人才充实到辅导员队伍中；另一方面可以促使高校意识形态工作队伍中辅导员群体的专业化，为意识形态工作能力的提升奠定组织基础。

（五）健全高校辅导员意识形态工作培训体系

高校要实现对辅导员进行有效的引导和监督，就要营造长效学习的外部环境。基于此，政府有关部门和高校要从体制上重视对辅导员的培训，保证培训的实施效果。高校要对辅导员队伍的实际情况展开了解，像培养科研人才一样，对不同专业背景、不同工作经历的辅导员进行综合、系统规划，分层次、有针对性地完善辅导员培训体系。这是一项系统工作，既包括理论教育，又包括实践的学习。

第一，重视岗前培训。专业背景的制约造成绝大多数高校辅导员在大学学习期间片面学习意识形态理论知识。针对这种情况，学校要统一组织对新聘用的辅导员进行专业的岗前培训。在参加工作前由资深的专家、教师进行直接指导，在培训的过程中要侧重教授辅导员意识形态工作所涉及的基本理论知识，同时要涉及心理学、教育学、管理学等相关学科知识，以完成作业为考察形式，给予相应学分，确保培训工作的高效完成。资深的专家、教师在认真对待理论学习的同时，也要注重把实践技能传递给辅导员，可以通过实地参观、到某高校任职等途径帮助辅导员掌握相对应的处理问题的方法，找到解决问题的新途径，提高其实际工作水平。

第二，加强在职培训。高校要根据成年人学习的特点和规律，利用辅导员年轻、接受能力强的优势，以意识形态工作能力提升为目标规划培养内容。高校以季度为周期组织辅导员学习马克思主义理论体系和中国特色社会主义理论体系，以及中国共产党和中华民族的奋斗史，保持辅导员对国家、社会、党的不断认识，夯实其理想信念。

第三，加强学历培训。相关部门可以设立辅导员工作方面的相关专业，把它作为一门学科纳入高校的学科建设，像培养其他专业的人才一样花大力气培养专门的辅导员，真正让辅导员工作成为一门学科。与此同时，相关部门可以花费更多的经费在辅导员培训方面，建立辅导员培训和研修基地，各基地负责设置培训班次和培训计划，并接受教育部专家的监督和检查。各高校定期选送辅导员进行专门培训，让辅导员通过读硕士、博士等进修方式及时进行意识形态理论知识的储备和更新。

高校只有不断完善高校辅导员意识形态工作培训体系，加大对辅导员的培训力度，才能不断充实辅导员的意识形态理论知识，使其能够在该领域顺利开展工作。高校在辅导员培训过程中既要重视岗前培训，又不可忽视在职培训，要为辅导员意识形态工作能力的提升提供基础理论和实践保障。

第二节　高校辅导员科研能力提升策略

一、高校辅导员科研能力的结构要素

高校辅导员科研能力是在科研活动中形成与发展起来的，与科研过程有着内在的统一性。通过对已有研究的总结，参照学者柏路在《关于提升辅导员科研能力的思考》中对辅导员科研能力结构要素的分析，本书将高校辅导员科研能力的结构要素概括为五个方面：问题发现能力、文献收集与整理能力、调查研究与统计分析能力、逻辑思维与批判能力及文本写作能力。

（一）问题发现能力

任何研究都起始于问题，因此问题发现能力是进行科学研究的前提和基础。高校辅导员的问题发现能力是指高校辅导员敏锐觉察工作理论与实务中的各类矛盾点，并将相关问题转化成研究问题的能力。问题发现能力的形成，首先需要高校辅导员养成敏锐的问题意识。所谓问题意识，是指高校辅导员要以批判质疑的态度理性审视大学生思想政治教育中的理论与实践，从而形成发现问题、提出问题的一种自觉的思维方式。它是对现实情况的反思与超越，本质上具有批判继承性；同时，这种问题应当是“真”问题，要具有研究的价值与意义。

（二）文献收集与整理能力

文献收集与整理能力是指辅导员通过网上、网下多种途径获取和处理相关文献、资料的能力。科学研究是一项继承性与创造性相结合的实践活动，它部分以今人的协作为条件，部分以前人劳动的利用为条件。因此，文献资料的收集与整理能力十分重要，这不仅要求高校辅导员要学会利用信息技术检索中英文文献，通过参加学术会议、专家访谈及实践调研等方式积累研究素材，还要求高校辅导员学会对资料的可靠性与真实性进行鉴别，并通过深入剖析、归纳总结来提炼观点。

（三）调查研究与统计分析能力

调查研究与统计分析能力是指通过有计划、有步骤的研究设计，考察研究对象，收集和整理相关资料，通过定性定量研究，分析各种因素及其相互关系、发现事物本质和规律的能力。高校辅导员科学研究具有极强的现实针对性，这就要求高校辅导员不断提高调查研究与统计分析的能力，以提高科学研究的实践价值。

（四）逻辑思维与批判能力

逻辑思维与批判能力是充分运用理性思维对客观事实进行科学思考和客观评价的能力，具有独立性和科学性。如前所述，科学研究是一项创造性实践活动，创新是每项科学研究的内在追求。因此，高校辅导员在从事科学研究的过程中不仅要实事求是，坚持一切从实际出发，综合运用逻辑思维能力对研究问题进行深入分析、归纳和总结，更要充分发挥自我批判精神，打破人云亦云的思维定式和从众心理，提出新思路、新观点。

（五）文本写作能力

文本写作能力是研究者将研究成果直接或间接转化成论文、调研报告及其他出版物的能力，是科学研究过程中必不可少的一项技能。高校辅导员要做到把工作转化为成果，把经验上升为科学，必须重视文本写作能力的培养，在科研论文写作中做到观点鲜明、结构严谨、条理清晰、论证严密周全与规范。

二、高校辅导员科研能力的形成与发展机理

高校辅导员科研能力是其在科研实践中不断形成和发展起来的，受高校辅导员主体因素和外部场域多种因素影响。探究高校辅导员科研能力形成与发展过程中的内外部影响因素及其相互作用，有利于系统地把握高校辅导员科研能力的形成与发展规律，为调查研究的开展提供理论基础。高校辅导员科研能力的形成与发展是一个系统复杂的过程，根据内因和外因相互作用的原理，本书从内部和外部两个维度进行探讨。其中，内部机制是核心，外部机制是重要保障，外部机制通过内部机制起作用，二者相互作用，共同促进高校辅导员科研能力的形成与发展。

（一）高校辅导员科研能力形成与发展的内部机制

高校辅导员科研能力形成与发展的内部机制，即高校辅导员科研能力形成与发展过程中，高校辅导员个体内部各要素之间的互动规则与原理。高校辅导员科研能力是在具体科研活动中形成与发展起来的，一方面，科研活动的开展需要强烈的科研意识、科研愿望、相关知识基础和能力保障；另一方面，科研活动离不开主体知、情、意、行的互动过程。因而，科研认知、科研意识、相关知识基础和科研精神等都是影响高校辅导员科研能力形成和发展的重要内部因素。在科研活动过程中，高校辅导员自身内部的各个要素间相互作用，共同推进其科研能力的形成和发展。

科研认知、科研意识是高校辅导员科研能力形成与发展内部机制运行的起点。高校辅导员科研认知是其对从事科学研究各个方面的认识、判断和评价。具体而言，既包括对高校辅导员群体从事科学研究重要性、必要性等方

面的认识，也包含对自身科研角色、权利和义务等方面的了解。科研认知的正确与否，直接影响高校辅导员从事科研活动的积极性，进而影响其科研能力的形成与发展。而科研意识作为科研主体探究和认识未知的觉察性和主动性，是高校辅导员从事科学研究的前提和基础。没有正确的科研认知和强烈的科研意识，外界一切信息都难以对高校辅导员产生作用，科研活动无从开展，科研能力的形成与发展将受到阻碍。

相关知识基础是高校辅导员科研能力形成与发展内部机制运行的重要条件，科研活动的顺利开展离不开相关知识作为前提和基础。高校辅导员相关知识基础既包括高校辅导员从事大学生日常思想政治教育的相关学科知识，也包括研究程序、研究方法等科研知识。高校辅导员所进行的一切研究都与自身工作密切相关，并遵循一定的研究程序和方法，因而，具备相关学科知识和科研基础知识，不仅对高校辅导员科研选题与写作具有基础性作用，还有利于提高高校辅导员科研成果的理论性和科学性。

科研精神是高校辅导员科研能力形成与发展内部机制运行的重要保障。科研精神作为一种意志品质，是高校辅导员进行科研活动过程中自信心、意志力、抗挫折能力和勇气等方面的具体表现，是科研活动得以顺利完成的重要条件，有利于提高辅导员科研能力。

（二）高校辅导员科研能力形成与发展的外部机制

高校辅导员科研能力形成与发展的外部机制，即在高校辅导员科研能力形成与发展过程中，外部场域各要素之间互动运行的规则和原理。影响高校辅导员科研能力形成与发展的外部场域因素主要包括高校科研制度、高校科研条件和高校科研氛围。

（1）高校科研制度是辅导员所在高校对辅导员从事科研活动所制定的一系列规章制度，包括辅导员队伍专业技术职务评聘制度、辅导员科研项目申报制度、相关科研活动管理制度、科研成果评价与激励奖励制度、科研能力培训制度等。

（2）高校科研条件主要是指高校为辅导员从事科学研究所提供的各种具体条件，包括科研时间、科研资源、项目支撑平台、学术交流与指导平台、研究场所与经费保障等。

（3）高校科研氛围是高校辅导员进行科学研究的总体氛围，包括国家宏观政策氛围、学校科研氛围和高校辅导员队伍科研氛围等。

作为高校辅导员科研能力形成与发展的外部场域因素，高校科研制度、科研条件、科研氛围三者相互作用、相互影响，共同促进高校辅导员科研能力的形成与发展。总之，高校辅导员科研能力的形成与发展是内外部因素共同作用的结果，内外部各因素之间协调运行、相互作用，构成一个统一体，详见图 4-1。

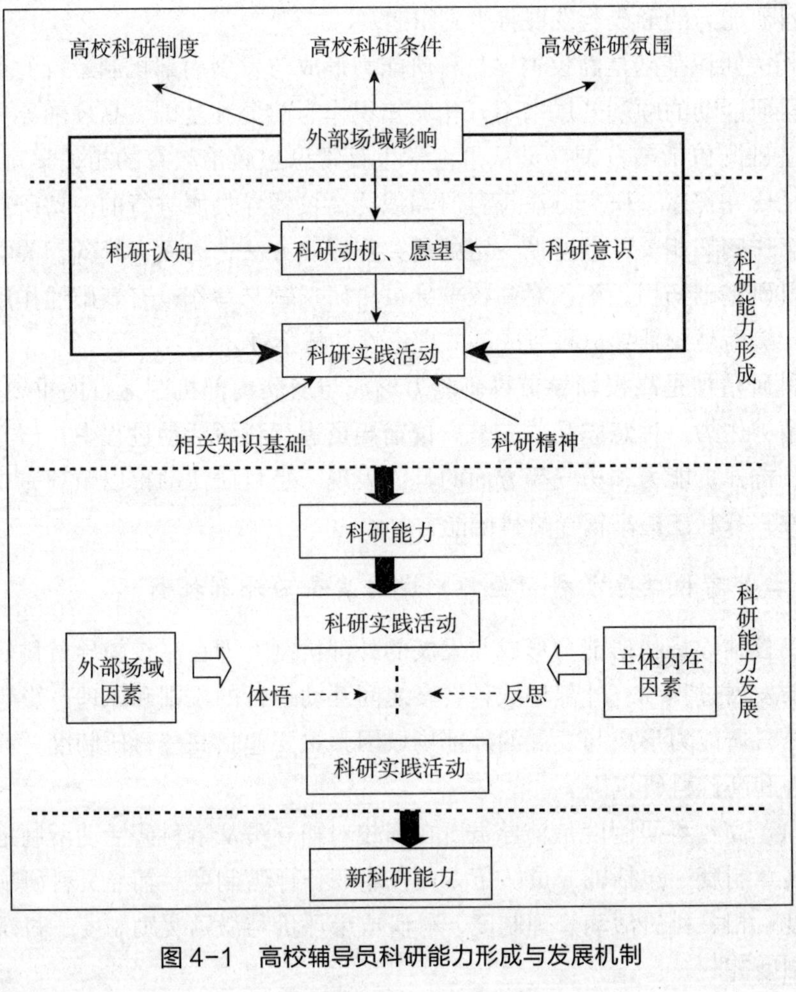

图 4-1　高校辅导员科研能力形成与发展机制

三、高校辅导员科研能力欠缺的原因

（一）外部支撑体系不健全

所谓外部支撑体系，是指辅导员所在高校这一场域对辅导员科研能力提升提供的支持与保障。高校是辅导员职业生活的重要环境，是辅导员科研能力提升的主要场所，不可避免地在物质、制度、平台建设等方面对辅导员科研能力提升产生着重要影响。可以说，高校对辅导员科研能力提升起着重要的推动作用。但调查显示，当前部分高校外部支撑体系不健全，主要表现为部分高校对辅导员科研能力缺乏科学认识、相关制度建设不健全，这是阻碍辅导员科研能力提升的重要因素。

1.高校对辅导员科研能力缺乏科学认识

高校对辅导员队伍的工作定位、角色要求、职业发展规划是高校辅导员开展工作的原点和依据，对辅导工作本身及其价值实现起着重要导向作用。因此，高校辅导员科研能力的提升离不开高校对辅导员科研能力培养的重视。调查发现，当前，部分高校对辅导员科研能力缺乏科学认识，主要表现为对辅导员科研能力不够重视、对辅导员工作定位存在偏差。

2.高校关于辅导员科研能力的制度建设不健全

高校辅导员科研制度是辅导员所在高校对辅导员队伍从事科研活动所制定的一系列规章制度，如辅导员科研项目申报制度、相关科研活动管理制度、科研成果评价与激励奖励制度、科研能力培训制度等。高校科研制度作为高校辅导员科研能力提升的重要保障，是高校辅导员科研能力提升的动力支持。但是，尽管国家和教育部门出台了一系列政策文件，明确了高校辅导员科研能力的必要性、发展路径、科研成果管理与考核原则等，但现实中针对高校辅导员的制度建设依然不健全。

（二）高校辅导员队伍工作形态缺位

高校辅导员作为一种职业，有其工作性质和工作特点。长期以来，我们都将高校辅导员定位为大学生日常思想政治教育和管理工作的组织者、实施者和指导者，对大学生负有教育、管理、服务等职责，在实际工作中，高校辅导员也根据这一职业开展相应工作，形成独特的辅导员工作形态。随着高校教育改革的深入和社会的发展，高校辅导员的角色内涵越来越丰富，“辅导员应成为研究者”是时代对高校辅导员工作提出的新要求，这就要求高校辅导员队伍工作形态随之转向，以更好地促进高校辅导员科研能力的发展。然而，当前高校辅导员队伍工作形态缺位，不能适应自身科研发展的需要，是影响高校辅导员科研能力发展的关键因素。

1.事务化的工作倾向影响学术思维

在高校实际工作中，由于高校辅导员思想政治教育作用的隐性化，辅导员作为管理者的职责被过度放大，不少高校将辅导员工作最终简化为学生事务管理。这种事务化的工作倾向严重影响辅导员的学术思维，主要表现为两种矛盾。

（1）“动”与“静”之间的矛盾。

事务化工作要求高校辅导员每天处于一种“奔波”状态，听课、查寝、找同学谈心谈话、处理学生突发事件等，无不需要辅导员身体力行。而科学研究作为一项脑力劳动，更多的是一种意识创造活动，需要高校辅导员静下心来分析和解决研究问题。当高校辅导员习惯了“动”的状态后再让其切换状态为“静”，确实困难重重。

（2）“重复”与“创新”之间的矛盾。

科学研究是一项创造性实践活动，创新是每一项科学研究的内在追求。它内含的学术思维是一种科学思维，带有怀疑性、反思性和批判性等特点。在学术研究中，没有不可怀疑的知识，没有不可怀疑的权威，从疑问开始，不断追求事物的真实是每一个研究者应持有的态度。高校辅导员进行科学研究也不例外，它需要高校辅导员不断地探索问题的本质，在去伪存真的过程中发现研究问题的规律性特征。而事务性工作作为一种管理活动，更多体现的是一种服从和按部就班。当高校辅导员习惯于每天按部就班地去完成重复性工作的时候，再让他们去从事科学研究，就会缺少批判性、创新性的眼光，不利于科学活动的顺利完成，从而阻碍其科研能力的提高。但日常学生事务管理工作确实是高校辅导员工作中的重要一环，如何处理好二者的关系，既保证日常学生事务管理工作顺利进行，又不断提升高校辅导员科研能力，是我们需要认真思考的问题。

2.碎片化的时间分布影响理论积累

高校辅导员是高校德育工作的主体，是开展大学生思想政治教育的骨干力量。《高等学校辅导员职业能力标准（暂行）》将辅导员工作范围划分为大学生思想政治理论教育、党团建设、日常事务管理、心理健康与咨询、网络思想政治教育、危机事件应对等各个方面，工作任务繁重，责任重大。而实际工作中，许多高校辅导员还身兼数职。工作职责的弥散性，让高校辅导员工作出现时空无限扩张的特点，任何关于学生的问题都可以找辅导员。这种情况带来的结果就是高校辅导员自我支配的时间很少，呈现出碎片化的分布模式。而科学研究需要相关知识作为基础，研究的深入性和科学性更需要扎实的专业理论积累。如果没有足够的时间对高校辅导员工作的相关理论知识进行系统学习，就不能科学把握大学生思想政治教育过程中出现的一系列问题，得出的研究成果对实践的指导作用将受到影响。

（三）高校辅导员科研意识模糊，科研积极性不高

科研意识是科研主体从事科学研究的前提和基础。从高校辅导员工作角度出发，科研意识表现为高校辅导员对学生工作环境的主动适应、积极影响和能动改造，能充分运用思想政治教育工作的理论知识和实践经验，分析探究学生工作中碰到的各类问题，具体表现为科研信念与热情、科研知识与经验、科研眼光和智慧等。高校辅导员科研意识越强，越能积极主动地开展科学研究，增强科研的能动性和创造力。调查发现，当前相当多的高校辅导员科研意识模糊，科研积极性不高。

四、高校辅导员科研能力提升的策略

（一）加强交流与合作，组建科研团队或工作室

独学则无友，科研团队或工作室作为一种群体力量，是高校辅导员科研能力提升的助推剂，它很好地为高校辅导员科研能力的提升提供机遇，团队成员间相互合作、相互支持、资源共享，在积极的文化环境中促进高校辅导员科研能力不断向前发展。

按组建方式的不同，可以将科研团队或工作室分为辅导员自发组建及高校牵头组建两种形式。由高校辅导员自发组建的科研团队或工作室更带有自主性和自由性，团队成员不定、活动形式不一；而由高校牵头组建的科研团队或工作室更具有制度性与规范性，是高校辅导员队伍专业化、职业化、专家化发展的重要载体。高校辅导员工作领域包括大学生日常思想政治教育、

学生事务管理、党团建设、班级管理、学业与就业指导、心理健康教育与指导、危机事件应对等范畴，每个领域都可以构成一种或多种研究方向。高校可以据此组建科研团队或工作室，辅导员可以根据自身专业背景、研究方向和研究兴趣选择加入一个科研团队或工作室，在团队中促进自身科研能力的提升。

为保障科研团队或工作室的有效运行，有必要建立相应的规章制度，包括综合管理制度、财务管理制度、固定资产管理制度及科研项目管理制度等。同时，高校还可以将专业教师作为学术指导与顾问引入科研团队或工作室，一方面给予团队科学的理论指导和研究建议，提升高校辅导员科研团队的专业化水平；另一方面专业教师的参与增进了教师队伍和辅导员队伍的沟通与交流，在增强高校辅导员职业认同感的同时，也提高了高校辅导员在专职教师心目中的认可度。此外，高校应充分发挥科研团队的文化氛围，吸引不同层次、不同发展方向的高校辅导员加入，打造研究主题多样化、研究人员层次梯队化、研究方向深入化的高校辅导员研究团队，促进高校辅导员科研能力不断提升。

（二）加强辅导员项目支撑平台建设

科研项目是高校辅导员科研能力提升的重要助推剂。当前，教育部每年单列一百项高校辅导员骨干专项课题，专门用于全国高校辅导员申报立项；部分省、自治区、直辖市教育行政部门也积极设置专项课题、划拨专项经费用于高校辅导员队伍的课题研究。这些举措对提升高校辅导员队伍的科研能力具有重要作用，需要继续加强。由于教育部设置的专项课题毕竟有限，要满足全国辅导员队伍的科研需求，还需要各省、自治区、直辖市、众高校根据地区及高校辅导员队伍发展情况采取相应措施，积极增设辅导员专项课题，划拨专项经费，以更好地激励高校辅导员队伍从事科研活动。

校级、省级、国家级高校辅导员科研项目支撑平台的搭建要像一座金字塔，教育部牵头搭建的科研项目支撑平台居于金字塔的最高层，是全国优秀辅导员尤其是高级辅导员科研示范的龙头；各省、自治区、直辖市牵头搭建的科研项目支撑平台居于金字塔的中层，与国家级科研项目平台相比，给予高校辅导员科研立项更多的机会，是中级辅导员科研示范的重要平台；而各

高校牵头搭建的科研项目支撑平台居于金字塔的底层，是高校辅导员科研立项的基础，倾向于对初级辅导员科研立项的支持，带有基础性和资助性。校级、省级、国家级“三位一体”，形成多层次、全覆盖的科研项目支撑体系，是高校辅导员科研能力提升的重要平台。

（三）促进高校辅导员科研能力的主动提升

1.培养问题意识

对于科学研究而言，问题意识是起点，有了问题意识才会有问题逻辑，而科学研究最重要的就是问题逻辑。高校辅导员工作的实践性与反思性要求辅导员进行科学研究必须具备自觉的问题意识。问题意识的养成是高校辅导员由经验型辅导员向研究型辅导员转变，实现队伍专业化、职业化、专家化发展、创新辅导员工作思路和方法的重要条件。所谓问题意识，是指研究者要以批判质疑的态度对已有的知识进行理性审视与思考，从而形成发现问题、提出问题的一种自觉的思维方式。它可以说是在继承现状的基础上，去反思与超越现状，因此在本质上具有批判继承性；同时，这种问题应当是“真”问题，经得起推理与论证，它使得研究具有明确的针对性、方向性与目的性。因此，问题既是研究的起点，也是研究的终宿。高校辅导员问题意识的养成需要从两个方面入手。首先，必须明确高校辅导员应该研究哪些问题。由于高校辅导员的研究需要与辅导员实际工作直接相关，因而包括与大学生思想政治教育相关的所有人、事、物和观念都可以成为高校辅导员的研究问题。这些问题既可以是时代提出的新问题，也可以是没有解决的老问题。无论新问题是还老问题，只要高校辅导员愿意去发现、去探索、去比较，都可以从中锻炼自己的问题意识。其次，高校辅导员要加强科研实践。科研实践的过程就是提出问题、分析问题并解决问题的过程，整个过程都伴随着对问题的思考，是问题意识养成的重要途径。

2.锻造学术思维

高校辅导员科学研究的过程其实就是高校辅导员运用学术思维不断循着问题思辨的过程，因此锻造学术思维十分必要，它有助于提高辅导员科研能力，保证科研活动顺利完成。

首先，高校辅导员的学术思维是一种求真的思维，因为学术活动的本质是求真，即发现事实，把握事物的属性、联系、运动的规律等。从这个层面而言，高校辅导员锻造学术思维就是要不断求真，始终保持实事求是、遵循客观实在的态度，坚持思维和存在的同一性，通过不断地进行科研实践，使求真思维在探索事物本质、联系和规律的过程中得到强化。

其次，高校辅导员学术思维是一种创新性思维，因为科学研究是一项创造性实践活动，创新是每一项科学研究的内在追求。每一代科学研究都是在前人基础上继续求真，没有创新也就谈不上求真。因此，高校辅导员锻造学术思维就是要不断创新，具有超越前人的认识，提出更符合当下实际的理论。

最后，高校辅导员学术思维是一种批判性思维，因为科学研究作为一种求真活动，必须在新的实践基础上不断检验前人成果，对于存在片面性与谬误性的地方要客观予以揭示，使真理不断向前发展。这种批判性思维的养成需要高校辅导员确立辩证的世界观，在科研过程中不盲目崇拜任何权威和理论，用发展的眼光和态度去研究问题。同时，高校辅导员要自觉养成正确的批评和自我批评的习惯，不断促进批判性思维的养成。

第三节　高校辅导员应对突发危机事件能力提升策略

一、高校突发危机事件的类型

（一）内在性危机

内在性危机可以从学生和学校两个角度进行理解。学生自身的心理方面危机可分为：一是学生自身心理、情绪不稳定带来的危机，高校学生多处于青少年时期，有人际交往的需求，反映在恋爱观上较为容易造成情感困扰而引发的危机，甚至有可能造成自杀等人身伤害事件。在群体相处过程中，较易出现为班级单位或者宿舍单位的人际关系相处不和谐，产生言语行动上的暴力举动。二是学生生理方面的危机，常见的有生理疾病带来的群体危机事

件，如传染性疾病引发的群体性恐慌，增加病发学生的心理负疚感，甚至引发恶性报复事件。三是高校学生不遵守学校相关规定而引发的危机事件，如使用违规电器带来的火灾。学校层面引发的危机事件又可分成三类：一是教师教学质量及教学作风引发的危机事件，如教学质量低下引起的学生群体罢课危机；二是高校后勤组织出现管理漏洞，如高校保卫科工作不到位，进而造成校内学生人身财产安全受到威胁，以及不健康食物混入食堂饭菜中而引起学生及教职工食物中毒事件；三是高校领导面临的管理危机，如近年来高校一直处于扩招模式，学生过多而管理岗位的工作人员紧缺，导致无法对学生进行应有的日常管理教育或管理教育达不到教育部的标准而引发危机事件。

（二）外在性危机

外在性危机可以从自然性危机和社会性危机两个角度进行阐述。自然性危机事件即自然因素引起的人力无法抵抗与阻止的危害，这种危害多是不可预测的，如地震、洪水灾害、禽流感等传染性疾病带来的校园危机事件。社会性危机是社会因素造成高校校园危机事件，如非法组织游行集会，学生受到不法组织人员的诱导而引起抢砸等群体性危机事件。

二、高校突发危机事件的特点

（一）突然性

事实上，突然性是所有突发事件最显著的一个特点，作为突发事件的子集，高校突发事件的突然性指的是校园事件在没有任何征兆和预示的状况下突然爆发、难以预知。从哲学上讲，万事万物的发展、变化、消亡等都是由事物内部的矛盾所影响和决定的。高校突发事件的爆发是高校存在的各种内外部矛盾由量变到质变的发展结果。由于其发生的时间、地点、影响范围、发展形势难以预测，加之其发展变化的速度极快，使得高校突发事件具有十分明显的突然性。比如，不法分子或别有用心之人为达到其不可告人的目的，往往突然性地通过互联网络在各大论坛、贴吧，或在校园信息公告栏张贴宣传单，传播歪曲事实、违法反动的言论，力求迅速扩大影响，煽动、蛊惑、误导高校师生的视听和认知，让高校管理者措手不及。

（二）危害性

任何高校突发事件都是具有危害性的，这是其本质特点，区别只是存在于危害的形式、范围及程度不同罢了。从危害形式上来看，高校突发事件中的食物中毒、学生打架斗殴等突发事件主要是对师生的人身安全产生危害；学生寝室被盗、学生外出遭遇扒手等突发事件主要是对学生的财产安全产生危害；高校违规收费、教师学术不端等突发事件主要是对学校的声誉造成危害；学生罢课、罢餐、示威游行等突发事件主要是对高校的教学管理秩序产生危害。从危害范围和危害程度来看，不同的高校突发事件危害的范围不同，可能对群体、高校甚至社会造成危害；不同的高校突发事件危害的程度不同，可能是个体危害事件造成的危害程度较轻，也有可能被实名举报产生极其严重的后果。

（三）不确定性

美国公共政策与公共行政管理学者安东尼 · 当斯（Anthony Downs）曾经在其论著中提到，不确定性就是人们在其已有认知中缺乏对已有事件或假想事件过去、现在及未来的全面认知的状态，不同事件可能会存在强度、相关性和排除性等差异。高校突发事件的不确定性主要原因在于突发事件的难以预知，如高校突发事件到底发生与否，在何时何地、因何种原因、以哪种方式发生，产生多大的影响和危害，形势如何发展等都不确定。与高校日常的管理工作相比，高校突发事件的不确定性特点加大了管理者对其的管控难度，有时需要花费巨大的人力、物力、财力才有可能平息事端。

（四）复杂性

高校突发事件的复杂性体现在多个方面。首先，高校突发事件的成因体现出复杂性。高校突发事件爆发的原因有多种可能性，既可能受国际或国内政治突发事件的影响而爆发，也可能因高校自身管理存在的问题而爆发，还可能受学生个人及家庭因素的影响。其次，高校突发事件的爆发形式也具有复杂性。有些高校突发事件的爆发是有迹可循的，基本上符合事物发展量变到质变的变化规律，相对来说容易掌控，但有的高校突发事件难以预知，会突然爆发，使得管理者惊慌失措，疲于应对；有的高校突发事件发展的态势较为缓和，相对容易进行有效的处置，有的高校突发事件则来势凶猛，其发展态势无法预测，且影响面广，并迅速引起公众的极大关注，对高校和社会造成较大的负面影响。最后，高校突发事件的处置措施和过程也具有复杂性。高校突发事件的成因、爆发形式比较复杂，必然导致高校突发事件的处置措施和过程更加复杂。应急处置人员必须具备较强的突发事件应对知识和能力，充分分析事态，提出解决方案，才有可能有效、合理地处置。一旦处置不及时，很容易引起次生事件，使事情更为复杂，难以解决。

（五）敏感性

以往的各种事实表明，一旦高校突发事件爆发，大多数情况下就会迅速地引起全体师生和社会的广泛关注，使高校成为舆论的中心，并引起一系列的连锁反应。高校突发事件所造成的影响远大于一般的公共突发事件，使政府及学校面临巨大的舆论压力，若处置不当，后果就会十分严重。究其原因，这与高校本身的特性和高校大学生这一特殊主体的特性有着密不可分的关系。十年树木，百年树人。高校肩负着为党和国家培养高素质、高技术人才，为中国特色社会主义伟大事业培养合格建设者和可靠接班人的重任，从来就是社会大众关注的重点对象。而现阶段的高校大学生很多是独生子女，自我意识较强、个性独特，有激情、有活力、有思想，但缺乏社会经验，缺乏理性思维，易冲动，自我管控能力较差，很容易被别有用心之人利用。而部分学生家长有时在没有完全弄清事件原委的情况下，片面地把所有责任强加给高校，并制造不利于高校的言论，使学校管理者十分被动，被推上舆论的风口浪尖，对高校的声誉造成严重的负面影响。

三、高校辅导员在突发危机事件中的重要作用

（一）高校辅导员在突发危机事件萌发期的作用

1.教育引领作用

在新时期高校管理工作中，高校辅导员的工作早已不是只开展思想政治教育工作那么简单，社会的发展和学生主体特征的不断变化，要求辅导员成为全能型人才，能够处理高校学生管理工作中各方面的事务和问题。但不管是在改革开放以前，还是在新时期，高校辅导员对学生的教育引领始终是最为关键的一点，是党和国家及学校对高校辅导员的基本要求。笔者认为，要充分发挥高校辅导员在突发事件萌发期的教育引领作用，需要从以下几点入手。

一是继续加强对大学生的思想政治教育，帮助学生树立正确的“三观”。作为大学生思想政治教育工作的骨干力量，高校辅导员要牢记党和国家赋予自己的光荣使命，要始终坚持以党的指导思想作为开展大学生思想政治教育工作的理论基础和行动指南。高校辅导员要充分发挥自己的主观能动性，帮助学生树立坚定的政治立场、理想信仰，养成良好的道德品质，帮助学生成长成才；要通过开展丰富多样的主题教育活动和交流活动，及时、有效、客观和有针对性地开展大学生的思想政治教育工作。

二是大力开展大学生的法制教育，帮助学生树立正确的法治意识，让学生知法、懂法、守法、用法。现在的大学生思想独立、敢闯敢拼、有个性，但自我管控能力弱、社会经验不足、法治意识淡薄。很多大学生在学习、工作、生活上遇到问题和矛盾时，往往缺乏基本的法律知识，不懂得如何用正常的途径来维护和保障自己的合法权益。所以，高校辅导员要通过多种形式开展学生的法制教育，宣传法律法规知识，帮助学生树立正确的法制观念，避免此类诱因导致的高校突发事件。

三是抓好大学生的心理健康教育和安全教育，保障大学生身心健康发展。随着工作、生活的节奏加快，人们面临着来自各方面的压力，也承受着这些压力。因为这些压力的存在，使得人们或多或少存在着不同程度的心理问题，大学生也不例外。因大学生心理问题引发的高校突发事件日渐凸显，在一定程度上激化了学生、家长和学校的矛盾，可能导致高校的教育教学管理工作无法正常有序地开展，使高校辅导员的工作陷入困境。因此，高校辅导员要积极地指导学生学习基本的心理健康知识，帮助学生正确排解心理负担，保持良好的心境，消除负面情绪，使其走出心理困境，以积极、上进、乐观、开朗的心态笑对人生。另外，高校辅导员还要积极地在学生中开展安全教育，帮助学生树立正确的生命观，要下决心、使全力，从自身工作角度预防和减少高校突发事件中对学生造成的伤亡。

2.危机隐患的消解

虽然高校突发事件具有突发性、不确定性、复杂性等特点，往往让人猝不及防、不知所措，但这并不意味着它是完全无章可循、没有任何征兆、无法预防及减少其危害的。所以，高校辅导员在突发事件萌发期要充分发挥自身消解危机隐患的作用。

一方面，高校辅导员是学生在校学习、生活、实践中接触最多的人，对

学生的基本情况最清楚、最了解，而且新生在入学心理测评中的所有测评结果，尤其是心理测评异常的学生名单及数据，辅导员是第一手掌握的。所以辅导员要利用自己工作层面上先天的优势，在日常工作中注意排查各类容易引起学生突发事件的潜在危机和隐患，尤其是对特性学生（心理问题类、家庭困难类、突发疾病类、残障类、情感受挫类）要重点关注，主动关心和帮助学生，让他们体会到老师的关爱，并甄别学生的异常行为，进而采取合理的方法消解危机。

另一方面，高校辅导员要做有心人，认真排查校园设施设备隐患，做高校突发事件的有效预防者。高校辅导员要在日常工作中关注教师办公室、教室、运动场地、寝室等场所是否存在安全隐患，如热水器、电路设施、网络设施、消防设施等是否存在老化、损坏情况，如有问题应及时报告给学校相关部门，配合他们消除潜在安全隐患。另外，辅导员也要加大对大学生违规电器、私拉乱接现象的处理力度，并将处理结果全校通报，对其他同学起到警示、震慑作用。

（二）高校辅导员在突发危机事件事后处置的作用

1.善后疏导和安抚

高校突发事件经过现场的初步处置后，事态逐渐趋于稳定，校园秩序基本稳定，这时候会给人一种错觉，尤其是刚走上工作岗位的辅导员，因其应对高校突发事件实战经验的不足，往往认为突发事件的处置已经结束，不需要再过多关注了。其实，这种观点是错误的。

突发事件结束后高校辅导员应当继续开展工作，做好突发事件的善后疏导和安抚。对于外在可见性损失及损害，如学生的人身伤害、财物损失，校园基础设施的破坏等，高校辅导员要和其他部门合作，积极调查事件原因，确定相关涉事人员的责任，协调进一步的赔偿事宜及校园基础设施的维修，尽快让学校的教学管理秩序和师生的工作学习回到正常轨道上来。另外，从心理学角度来讲，实质性的外部创伤、实物的损失，是比较容易修复的，一经消解，复发和产生次生问题的可能性很小，而复杂且隐匿的心理伤害的修复难度却是难以估计的。不管爆发的突发事件是否严重，都会对学生造成一定影响，并可能使其产生无助、焦躁、失眠等现象，不利于学生正常学习和生活的进行。作为大学生健康成长的重要引导者，与学生关系最亲密的老师，一方面，高校辅导员要主动关心、帮助涉事学生，运用心理学相关知识进行有效的疏导和安抚。尤其是之前就存在一定心理隐患的特性学生，要让他们感受到学校和老师的关爱，用真心去温暖他们，引导学生自主调节，克服心理阴影，积极面对学习和生活。另一方面，高校辅导员也要认识到个人的力量是有限的，在疏导和安抚涉事学生的过程中，要积极寻求院（系）领导、学校心理教研室的专业辅导教师、学生家长、班级学生干部、寝室同学等多方面的支持和帮助，充分借助领导的经验、心理辅导教师的专业、亲情、友情等有利因素开展工作，以便更有效地达到预期疏导和安抚的目标。

2.总结及反思

首先，前面的所有应对工作完成落实之后，突发事件的应急处置基本告一段落。这时，高校辅导员首先要对突发事件的处置过程再梳理一遍，进行评估和反思，包括处置人员的安排及参与情况、处置方式、可能存在的问题和漏洞、突发事件的损失及不利影响等，做出详细分析和归纳，改进不足，吸取经验教训，为以后的高校突发事件的预防及处置做好准备。其次，作为高校突发事件应急管理队伍中的成员，高校辅导员应将归纳、整理的突发事件处置的整个过程形成详细、规范的文字材料存档，并呈报给院（系）领导和相关部门，提出自己的意见和建议，协助学校完善校园突发事件预防及处置预案。最后，高校辅导员要结合突发事件的经验和教训，有计划、有针对性地开展学生的主题教育活动，并结合微信、微博、QQ等社交软件和平台，将事实真相和处置结果反馈给学生，帮助学生树立正确的认识观，使学生理性看待和处理各种矛盾和问题，提高学生的心理调节能力。

四、高校辅导员突发危机事件处理存在的问题

（一）高校辅导员危机治理的缺位问题

第一，缺乏先进的管理理念。目前，很多高校辅导员仍然采用传统的学生管理模式，即“对事不对人”，工作方式过于简单。一旦遇到突发性问题，许多辅导员就会倾向于从传统管理的角度思考和处理问题，无法从整体上和个体上同时把握，忽视对学生的心理疏导，不利于学生的健康发展。特别是在面对校园危机之时，不少辅导员由于无法及时采取有效措施控制情况，甚

至处理不当，导致事态朝着不利方向发展，造成了不必要的损失。

第二，高校辅导员队伍体系不够完善。虽然根据教育部相关文件的要求，辅导员队伍与学生的数量应当遵循 1 ∶ 200 的比例进行配备，但很多高校的辅导员队伍与学生的数量之比高于这一比例，但该校的辅导员学生比仍然不够合理，辅导员无法完全兼顾学生的学习和生活问题，导致多数辅导员专业化水平不高，不能明晰自身的工作职责，存在敷衍现象。

（二）高校辅导员危机治理的机制问题

第一，危机预警机制问题。辅导员长期处于高压工作状态，工作任务相对繁重，无法完全兼顾工作的各个方面，对校园危机的重视程度和防范意识不足，不清楚自身职责所在，部分高校针对师生的危机培训教育和实践教育还不够，寄希望于“不发生”或“早解决”，忽视了危机的预警、控制和干预机制构建。

第二，信息沟通机制问题。如何做好与学生之间的日常联络沟通，是辅导员工作的重要组成部分。当前处于新媒体、自媒体时代，辅导员的工作方式应与时俱进，充分利用新媒体资源，特别是借助微信、微博等大学生喜闻乐见、快捷便利的方式来完善信息沟通机制。部分高校在信息沟通方面仍然存在一定的欠缺，没有建立适应新形势变化的信息沟通机制，在发生校园危机时，辅导员在信息沟通方面普遍存在对学生干部的依赖性，不能借助新媒体的作用直接与学生进行互动，不能更有效地拓宽思想政治教育的途径、整合各种资源，不能准确把握学生思想动态，及时发现和化解矛盾，也不能有效引导学生群体的舆论及价值导向。

第三，危机联动机制问题。高校内部的各院（系）、各部门之间的沟通密切，相互之间的影响较大。如果校园危机不能得到及时处理，可能会造成全校危机，甚至可能蔓延到整个社会，影响力不可低估。高校一旦发生危机，就可能涉及问题的方方面面，仅仅依靠学生本人或辅导员个人的力量来解决危机往往是不切实际的，因此需要多个部门进行协同，发挥各自的职能，尽快消除危机影响。目前，部分高校在危机治理方面还缺少有效的联动机制，导致信息不能实现有效传递，不能在危机发生之前察觉危机，不能在危机发生时做出快速反应，危机处理效率大大降低。

（三）高校辅导员危机治理的能力问题

第一，危机意识不强。高校辅导员的危机意识对校园危机治理具有重要作用，培育和增强辅导员的危机处理意识，有助于及时防范和处理校园危机。但很多大学辅导员是专职的，一般不由中层领导兼任，平时较少关注危机治理的意识和能力的培养，导致高校辅导员队伍应对危机的意识整体不强，学校一旦发生危机事件，只能依靠领导者的个人经验、胆识和阅历来处理，这势必影响校园危机的有效治理。

第二，专业能力不强。近年来，随着高校的普遍扩招，高校辅导员队伍逐步呈现年轻化趋势，辅导员的业务能力和水平良莠不齐，特别是在高校危机治理方面，多数辅导员由于不具备相关专业背景或者没有受过专业系统的危机处理训练，应对危机的心理素质和专业能力较差，遇事不够沉着冷静，不能及时采取果断有力的措施控制危机现场。

第三，责任意识不够强。高校辅导员肩负育人职责，需要有较强的责任意识。特别是，对于校园危机治理而言，高校辅导员需要具备强烈的责任感，尽早掌握危机的前兆信息，主动参与危机的防范和治理。高校辅导员在危机治理责任意识方面有待进一步加强，不少辅导员并未充分认识危机处理责任之重大，认为辅导员的职责仅仅是思想政治教育和日常事务管理，较少深入学生的学习和生活，较少主动了解学生的思想动态，以致往往不能及时防范和治理危机，最终导致本可避免的校园危机发生和蔓延。

五、高校辅导员应对突发危机事件能力的提升策略

（一）加强知识自主学习

高校辅导员应不断加强高校危机事件基本内涵的学习，包括对危机事件的概念、类型、特点、引发原因等进行系统的学习与应用；对国内外著名的危机理论和成功处置危机事件的案例进行针对性的学习，深入研究经典案例中危机事件发生前后辅导员采取的每个步骤，身临其境地感受处置效果及相关工作人员在危机事件中的应对方式，组织小组进行讨论。在条件允许的情况下，高校可以进行危机事件的预演，组织辅导员队伍不断地学习交流，形成高效危机事件应对预案。

（二）加强心理素质训练

心理素质训练主要针对高校辅导员在危机事件过程前后所需要进行的心理健康教育和在缓解危机事件对受害者的心理创伤影响方面的训练提升，提高并强化其在危机事件防范角度的意识，随时做到危机事件发生的应急心理准备，同时提高其在危机事件应对过程中及善后处置中的心理承受力度，做到心中有数、有条不紊，稳定自身情绪的同时控制整个局面的发展形势。高校辅导员要加强对学生的心理健康知识教导，教育学生在危机事件发生时能够坦然面对，将人身安全放置第一位。对危机事件受害者的心理创伤安抚，高校辅导员要进行移情性理解，排解受害者的心理负担，帮助其宣泄不良情绪，以免酿成更大的伤害。

（三）健全高校辅导员应对突发危机事件能力培养的保障制度

1. 组织保障

各级政府和高校必须做好相应的组织保障工作。建立健全应对突发事件工作的领导机构，充分发挥“一把手”在培养应对高校突发事件职业化、专业化人才工作中的重要作用，让其肩负起作为主要领导干部应尽的职责，做到不失信、不失责、不动摇；要调动相关单位和职能部门的积极性，形成合力，为高校辅导员应对突发事件能力培养工作提供帮助和支持；要加强应急管理组织的构建，特别是基层组织的建设，层层推进和落实，形成上到政府和高校、下到基层辅导员和学生干部的应急管理架构，使校园稳定工作真正落实到最细单元，落实到具体岗位，落实到每个人，让高校辅导员明确自己的角色扮演和责任划分，在实际工作中有针对性地培养和提升应对突发事件的能力。

2. 法规制度保障

高校突发事件是公共突发事件的一部分，但在实际应对工作中，高校突发事件因其自身独特性，所采取的应对方式和方法也有所不同，有关部门需要采取有针对性的措施来确保高校突发事件应对工作的有效开展。从现有的相关法律规范来看，高校突发事件确实逐渐得到了党和国家的高度重视。但是，目前我国已有的法规制度零散化、不系统、权责不清、缺乏实际操作性，没有一部较为系统、全面、专门针对高校突发事件应对的法律。这些现实情况严重影响高校突发事件应对工作的法制化进程，未能给高校突发事件应对工作提供足够的制度保障。

因此，笔者认为，为了真正让我们的高校突发事件管理工作者有法可依、明确责任，提高应对工作的效果，有效培养自身的相关能力素养，应当抓好以下几项工作：首先，国家应加快立法进程，通过各级政府和高校，广泛征求意见和建议，选取有效性提议在重大会议上进行讨论，形成草案，并依据立法相关规定和程序，尽快表决颁布专门性的普通高校突发事件应对法，进而逐步形成系统性、针对性的法律法规体系。其次，各级政府和教育主管部门要建立健全相关规章制度，明确各级突发事件应急管理架构系统中具体工作人员的岗位职责和能力要求，引导和监督各高校的突发事件应对工作开展，并抓好正反面典型的奖惩工作，努力强化各级突发事件管理者的思想认识和应对能力。最后，高校要依据国家相关法律规定、政府及教育主管部门的规章制度，吸取其他高校的经验教训，结合学校自身的实际情况，完善相关规定和要求，修订相关应急处置预案，并将其作为应对高校突发事件的相关实效性规范，保证高校辅导员在具体应对工作中有据可依。

3. 经费保障

高校突发事件的应急管理经费是相关应对管理工作的基础性物质保障，也是应急管理人才培养工作的主要经费来源。高校辅导员作为突发事件应对工作的一线工作者，其应对能力的培养工作应得到重点关注和保障。结合当前的现实状况，笔者认为可以从四点着手开展工作：第一，政府要充分了解高校的实际突发事件应急需要，在每年的政府经费预算中单列划拨必要的应急管理经费，以满足高校应急工作需求。第二，高校应当做好系统的、有针对性的突发事件经费预算编制，设立专项经费加强高素质、专业化人才引进，并请引进的具有较高能力水平的专家型人才带动，帮助整个高校辅导员队伍应对能力提高。第三，高校学生工作部门应专门为辅导员发放应急准备金，一旦突发事件工作需要，他们可以利用这笔经费按相关规范先行开展工作，后续再完善相关报销手续。当然，这个过程中既要保护其工作积极性，也要进行必要的监管，要有理有据，账目明确，保证经费合理、合法、有效地用到实处。第四，高校要依据突发事件应对工作具体考核评价结果，制定科学绩效奖惩措施，应设置专项奖励经费，以鼓励奖励为主，惩处扣发为辅，以此激励高校辅导员队伍突发事件应对能力的自我培养和提高。

第五章　高校辅导员职业化

第一节　高校辅导员职业化相关概念

一、高校辅导员职业化的内涵

通过对职业和职业化内涵及特征的分析，本书认为高校辅导员职业化内涵是指以大学生日常管理工作和大学生思想政治教育为主要工作的辅导员，通过长期从事辅导员工作，所形成的独特的知识、技能、观念、思维、态度、心理的状态或者过程。具体而言，辅导员职业化既指辅导员工作成为一种长期、稳定、专门并得到社会认可的职业，也指辅导员通过专门化的培养和管理，不断形成适应本职业的职业素养、行为和规范的过程，又指辅导员通过合理的职业发展，终身从事本职业的过程。

二、高校辅导员职业化的标准

（一）以专业知识体系为理论支撑

随着社会的变革，社会分工要求一切职业走向专业化，专业化要求并非任何人想从事什么职业就从事什么职业，它要求成为一个职业的专业人员必须有一定的科学理论知识体系支撑，辅导员职业亦然。高校辅导员的知识体系除了要求其要具有丰富的知识储备，了解马克思主义理论、哲学、政治学、教育学、社会学、心理学、管理学、伦理学、法学等学科的基础知识以外，还要掌握一定的专业知识。高校辅导员要掌握的专业知识主要包括思想政治教育的基本理论及知识、马克思主义中国化相关理论及知识、大学生思想政治教育工作实务相关知识、法律法规知识等。其中，思想政治教育的基本理论及知识包括思想政治道德观教育、思想政治教育学原理、思想政治教育史、思想政治教育方法论、思想政治教育心理学、比较思想政治教育、心理健康教育相关知识及技能等方面的知识。马克思主义中国化相关理论及知识包括毛泽东思想相关理论、中国特色社会主义理论体系、社会主义核心价值体系、中国共产党党史等知识。大学生思想政治教育工作实务相关知识包括党的创新理论教育相关知识、大学生党团和班级建设的相关知识、职业生涯规划与就业指导相关知识、困难资助和奖罚管理等学生日常事务管理知识、校园文化建设和社会实践等学生日常思想政治教育的知识、网络思想政治教育相关知识、危机事件和突发事件应对与管控的相关知识；法律法规知识包括《普通高等学校学生管理规定》《国家教育考试违规处理办法》《学生伤害事故处理办法》《中华人民共和国高等教育法》《中华人民共和国教育法》《中华人民共和国学位条例》《中华人民共和国精神卫生法》等法律法规。以上内容构建了辅导员职业的知识体系，是辅导员职业化发展的专业支撑。

（二）以职业能力体系为实践标准

在辅导员职业体系中，从业人员的年龄、学历、阅历、经验等各不相同，要求辅导员职业也要分出不同的职业等级，而要达到相应的职业等级，要求辅导员需要具有不同的职业能力。辅导员教育、管理、服务学生的角色不同，要求辅导员要具有不同的职业能力。诸多辅导员的职业能力构建了辅导员职业能力体系，主要体现在思想政治教育能力、党团和班级建设能力、学业指导能力、日常事务管理能力、心理健康教育与咨询能力、网络思想政治教育能力、危机事件应对管理能力、职业规划与就业指导能力、理论和实践研究能力。

思想政治教育能力主要体现在熟悉并掌握学生的家庭情况，了解学生的基本信息；掌握学生的思想特点和动态发展；通过日常观察、谈心谈话、问卷调查等形式及时了解掌握学生关心的热点、焦点问题并对其及时进行教育和引导；广泛开展谈心谈话活动，有针对性地帮助大学生处理好学习成才、择业交友、健康生活等问题，引导学生养成良好的道德情操；通过党团活动、谈心谈话、社会实践活动等方式方法，深入开展中国梦、社会主义核心价值观教育。同时，组织、协调班主任、思想政治理论课教师等共同做好经常性的思想政治教育工作，深入了解国情、民情、社情，并根据教学的需要和学生的特点，采取灵活多样的教学方式开展形势与政策教育，帮助学生树立正确的世界观、人生观和价值观，坚定走中国特色社会主义道路、实现中华民族伟大复兴的共同理想和坚定信念；主动开展工作调查研究，分析工作对象和条件的变化，及时调整工作思路和方法，研究把握思想政治教育的重点问题、难点问题和前沿问题，提高大学生思想政治教育的针对性和实效性。

党团和班级建设能力主要包括做好学生骨干的遴选、培养和激励工作，积极主动参与班团建设；做好学生入党积极分子的培养教育工作，引导学生坚定理想信念，端正入党动机，增强党性修养；熟悉党员发展的环节和程序，做好学生党员发展和教育管理服务工作，利用各种教育载体激发党员的学习积极性和主动性；指导学生党支部和班团组织建设，积极推动组织生活等工作创新，发挥学生党员先锋模范作用，更要发挥党支部的战斗堡垒作用；参与学生业余党校、团校建设，讲授具有一定理论水平、深受学生欢迎的党课和团课；深入开展对马克思主义理论、中华人民共和国国史、中国共产党党史、中国特色社会主义等理论进行规律性和前沿性的探索与研究。

学业指导能力包括了解学生所学专业的培养计划、专业前景等，帮助学生增强专业认同和学习热情，开展学风建设，培养学生的学习兴趣，营造浓厚的学习氛围，规范学生的学习方式和学习行为，指导学生养成良好学习习惯和有效的学习方法。同时，鼓励学生主动参与课外学术实践，培养学生的学术爱好和研究能力，针对学生的学习状态和学习成绩，深入研究学生的学习能力、创新能力，有针对性地开展学习分类指导，培养学生的创新性思维和创造性人格。

日常事务管理能力包括做好新生入学教育，帮助新生熟悉、接纳并适应大学生活。辅导员通过各种形式做好毕业生离校教育、管理和服务工作；组织好学生的军训工作，指导学生积极参与军训；有效开展助、贷、勤、减、补工作，落实好家庭经济困难学生的资助和勤工俭学工作；公正公开地做好学生奖励评优和奖学金评审工作；根据学校相关政策规定为学生的日常事务提供基本咨询，对学生进行生活指导；准确把握国家有关法律法规和学校规章制度，对学生违纪违规行为进行严肃处理；能运用法律知识、社会学知识和心理学知识熟练把握学生情感、人际交往、财经、法律等方面事务科学咨询指导的政策、方法和技巧，对日常遇到的各种复杂问题进行全面深入的分析，积极创新学生事务管理的理念和方法。

心理健康教育与咨询能力包括了解大学生心理特点，熟悉大学生常见的发展性心理问题，能够对学生进行初步心理问题排查和疏导。辅导员通过各种心理测验量表、问卷，能对学生的一般心理问题、心理障碍和精神疾病进行识别；组织指导开展形式多样的心理健康教育宣传活动，有效开展心理疏导工作，帮助学生调节情绪；能进行心理危机评估、实施干预、妥善处理预后跟踪回访，总结凝练实践工作经验，深入研究把握心理健康教育的规律。

网络思想政治教育能力包括熟悉网络语言特点和规律，熟练使用新媒体技术，拓宽工作新途径，加强与学生的网上与网下的互动交流，运用网络平台为学生提供学习、生活、就业、心理等咨询服务；围绕学生关注的重点、热点和难点问题，及时掌握大学生网络舆情，密切关注学生的网络动态，引导学生在网上进行自我教育、自我管理、自我服务、自我保护，构建网络思想政治教育重要阵地，有效传播先进文化、弘扬主旋律，把握网络舆论的话语权和主导权。

危机事件应对管理能力包括掌握基本安全教育方法，组织开展学生安全教育活动，对危机事件做初步处理，了解事件相关信息并及时逐级上报，及时稳定相关人员情绪，把握重点人员和关键节点，有效控制事态发展，协调事件相关部门迅速反应，对事件发展及其影响进行持续关注与跟踪，消除事件影响，进行事后集体和个体的心理疏导；掌握事件过程，分析原因，总结经验，把握规律，改进工作，完善预警和应对机制。

职业规划与就业指导能力包括为学生提供高效的就业指导和信息服务，帮助学生正确分析自己的职业倾向和较为客观全面地分析创业环境、政策、行业前景；开展职业生涯规划活动，帮助学生树立正确的就业观、创业观、成才观，帮助学生尽快适应社会、融入社会。

理论和实践研究能力包括能掌握思想政治教育的基本理论观点，运用理论分析、调查研究等方法，归纳分析相关思想政治教育问题，积极主持地参与思想政治教育课题或项目研究；积极参加国际交流、考察和进修深造，深入把握国内外学生事务工作前沿进展。

（三）以从业人员多元结构体系为主体

高校辅导员从业人员多元结构主要是从人口统计学变量上看辅导员职业

化的表现。主要体现在以下方面：当辅导员职业化后，从业人员从年龄构成上使老、中、青不同年龄段都要占有一定的比例，逐步改变辅导员年轻化的趋势；从学历结构上来看，通过各种政策吸引更多具有博士学位的人从事辅导员职业，建立本科、硕士、博士不同学历层次的辅导员学历结构，改变辅导员学历不高的趋势；从职称上看，努力践行辅导员职称评聘工作，建立助教、讲师、副教授、教授比例适当的辅导员职称结构；从职务上来看，努力做好辅导员职业规划，建立副科、科级、副处级、处级比例适当的辅导员职务系列；从从业年限上来看，从事辅导员职业的年限，短期、中期、长期都要有一定比例，而且要以长期终身从事辅导员职业为主，从业人员主体具有一定的稳定性；从从业人员背景上来看，既有经过专门学习培训的具有高学历的硕士、博士从事专职辅导员，也要有一定的专业背景、具有一定专业特长的社会人员从事专兼职辅导员，他们利用自己的专业特长来促进学生的发展，提高学生的综合素质与能力。

第二节　高校辅导员职业化的理论基础

一、人的全面发展理论

（一）人的全面发展是马克思主义的重要命题

人的全面发展是马克思主义科学社会主义理论中的重要命题。马克思、恩格斯在《德意志意识形态》等著述中论述了人的全面而自由的发展，并提出“人以一种全面的方式，也就是说，作为一个完整的人，占有自己的全面的本质”，“代替那存在着阶级和阶级对立的资产阶级旧社会的，将是这样一个联合体，在那里，每个人的自由发展是一切人的自由发展的条件”。

在马克思主义理论中，首先人的全面发展意味着个人劳动能力的充分发展。劳动作为人的本质力量的确证，在改造自然的同时，也在改造劳动者本身，使劳动者产生新的观念、新的需要，锻炼出新的品质。其次，人的全面发展意味着人的社会关系的丰富。人的社会关系即人的现实关系和观念关系，人的物质关系、法律关系、政治关系、道德关系、文化关系等充分体现了人的本质特征，即人的本质不是单个人所固有的抽象物，在其现实性上，它是一切社会关系的总和。最后，人的全面发展意味着人的需要的充分满足和人的能力的全面发展。人不仅能够在人与社会、人与自然的关系中体现他的全面自由发展，还能够将这种对社会和自然的外部自由转化为人的主体自由，人可以充分发挥自己的潜能和个性，从而达到自由发展的最高境界。在科学社会主义理论中，人的全面发展是共产主义社会的基本特征。

人的全面发展是一个历史的实践过程。在人类社会的不同历史发展阶段，对人的全面发展都赋予了不同的阶段性内涵。《周礼》记载的“六艺”（礼、乐、射、御、书、数）正是从全面发展的角度提出的教育要求。人的全面发展也是一个不断超越的过程，是理想和现实的统一。一方面，人的全面发展的诉求在社会中不断实现；另一方面，随着社会的发展，人的全面发展的诉求也在不断变化。正是在这种互动的关系中，社会在向共产主义社会形态迈进，而人的全面发展得以更加丰富和深刻地展开。

（二）人的全面发展是社会主义教育的根本目标

按照马克思主义基本理论，根据社会主义社会的发展目标和根本任务，社会主义教育始终将促进人的全面发展作为根本目标。社会主义教育作为有目的的社会实践活动，其根本目标就是通过培育人的科学素质、文化素质、思想素质、道德素质等，通过人的思想、文化、社会关系和个性能力的充分发展，推动人的全面发展的具体落实。

社会主义大学作为社会主义教育事业的中坚力量，在为社会主义事业培养合格建设者和可靠接班人方面发挥着不可替代的作用。而只有坚持全面发展的社会主义人才培养目标，才能够充分实现社会主义大学的本质要求。社会主义大学全面发展的育人目标客观上要求教育、引导大学生能够正确认识个人发展和社会发展的统一，帮助大学生充分理解全面发展不是以个人为中心的发展，而是与社会发展互相依存、共生共荣的发展；教育引导大学生树立正确的价值取向，自觉抵制拜金主义、享乐主义、极端个人主义的不良倾向，正确处理追求物质利益和丰富精神生活的辩证关系；教育引导大学生在

充分发挥主体性的同时，自觉克服发展过程中出现的片面倾向，不断实现从自发发展向自觉发展的转化。

（三）人的全面发展是辅导员职业化的发展依据

从辅导员职业发展的历程及辅导员工作定位和职能的转换中，辅导员职业化已经成为辅导员队伍建设的发展趋势和思想政治教育学科的前沿课题，然而，真正推动辅导员职业化发展的力量来自实践的需要，来自大学生德育工作的需要，来自大学生全面发展的需要。从根本意义上来讲，辅导员职业化是实现社会主义高校全面发展育人目标的客观要求，促进大学生的全面发展正是辅导员职业化展开的逻辑前提。

人的全面发展既包含智力因素，也包含非智力因素的全面发展。然而，在高考教育体制等因素的影响下，片面追求智育教育，忽视德育教育的情况普遍存在，甚至许多高校教育者和大学生本身也没有对德育工作的价值予以充分的认识与肯定。时至今日，在全球化和信息化的时代背景下，在知识不断更新、竞争日益激烈的社会条件下，大学生的全面发展正是凝练和提高核心竞争力的基础。而在大学生的全面发展过程中，德育因素发挥着重要的价值引领、精神支持的作用。大学生的德育素养可以帮助个体最大限度地发挥潜能，消除思想困惑，解决实际困扰，充分释放个体的聪明才智，充分调动个体的有机要素并使其紧密配合，使得科学文化素质、思想政治素质、道德文化素质、个性心理素质能够协同发展，共同构建个体良好的知识结构与素质结构。在智力因素和非智力因素的教育分工中，高校具有明确的工作体制和基本要求。智育教育一般是在课堂教学中进行，是显性的课程；而非智育教育主要包括社会实践教育、班团建设教育、党支部活动教育、学习发展教育、心理健康教育和职业发展教育等，是隐性的课程。隐性课程对大学生全面发展的意义虽然重大，但是由于各方面的影响，高校隐性课程普遍缺乏专业性的学科支撑。对于隐性课程这样一个外延较大的领域，一般是由辅导员统筹管理，在具体工作的层面上更多的是呈现事务型而非专业型。面对高校辅导员的应然状态和实然境遇之间的矛盾，辅导员职业化发展可以说是破解难题的金钥匙。而以大学生的全面发展理论为指导，以促进大学生的全面发展为准绳，将是辅导员职业化发展的理论依据和实践标准。

二、“育人为本，德育为先”思想

（一）立德树人是高校教育的根本任务

“育人为本，德育为先”是加强和改进大学生思想政治教育的基本原则。其中，育人体现了学校教育的本质功能，而德育体现了育人功能的核心。大学的基本职能是人才培养、教学科研、社会服务和文化传承。其中，人才培养是教育的根本目标，学校的各项工作都要紧紧围绕人才培养展开。专职教师在教书的同时，传授的不仅仅是知识，更是师德品格的展示；其他管理岗位、教辅岗位、服务岗位的教育工作者也在各自的工作领域中开展具有独特个性和独特方式的教育影响活动。因此，在高校工作系统中，人才培养，人人有责。只有构建全方位的教育、管理、服务体系，使高校的各种教育影响力量发挥积极的同向作用，才能够为高校的人才培养、大学生的全面发展提供工作体制上的重要保障。

立德和树人作为高等教育根本任务不可偏废的两个方面，具有内在的统一性，统一于学校人才培养的具体实践中，统一于学生全面发展的成长过程中。其中，立德是树人的必然要求，树人是立德的根本目标。德育教育只有融入人才全面发展的视野中，才能够充分发挥德育在树人工作上的主导作用，而高校人才培养只有重视德育工作，才能够充分发掘人才的发展潜能，为社会主义建设培养合格的建设者和可靠的接班人。

（二）德育教育在育人过程中的重要功能

高校德育工作或者说高校思想政治教育工作，其基本内涵主要包括思想教育、政治教育、道德教育和心理健康教育。从德育工作的内涵推演德育工作的基本功能，主要体现在以下四个方面。

第一，帮助大学生树立科学的社会理想信念。高校德育工作要从历史唯物主义出发，按照社会发展的基本规律，根据受教育者的思想状态和主要问题，教育引导教育对象的思想行为符合客观规律，为其成长成才提供社会理想的引领。

第二，帮助大学生塑造良好的个人品格。个人是否成才，个人的价值是否得到实现，不能离开社会化的环境和社会化的评价。个人的优秀品格在其自我实现和社会评价过程中发挥着至关重要的作用。德育工作在培养大学生良好的心理品质、高尚的道德情操和合理的价值准则方面发挥重要功能。

第三，帮助培养大学生的主体性和创造性。德育工作的载体丰富多样，特别是和社会实践紧密联系的特点使德育工作更能够触动大学生的内心深处，从而有效激发大学生的社会责任感和使命感，提升德育工作开展的创造性。

第四，帮助学生养成良好的行为习惯。行为养成是一个长期的过程。良好的行为塑造良好的习惯，良好的习惯培养良好的个性。德育教育不仅是思想理论认识方面的答疑解惑，更重视知行统一的教育价值。特别是基层的德育工作在教育指导、监督落实、反馈评价教育对象的过程中发挥着重要的引导和规范作用。

德育工作的基本功能充分体现了德育教育在育人过程中的主导作用。德育为先并不意味着对其他教育要素的替代，而是充分认可和特别强调德育工作在人才培养目标方面的规定性，在人才培养过程方面的推动性及在人才培养效果方面的保障性。只有以德育为先，德、智、体、美、劳各方面教育要素互相作用、互相制约，才能形成科学的合力，共同促进人才的全面发展。

（三）“育人为本，德育为先”是辅导员职业化发展的价值依托

在我国高校的实践中，大学生思想政治教育工作和大学生德育工作具有相同的内涵，已经成为相同的指称。辅导员作为从事大学生日常思想政治教育工作的教师和管理者，承担着大学生德育教育的重要职责。

“育人为本，德育为先”的教育思想赋予辅导员职业厚重的历史使命和教育责任。在国际国内形势深刻变化的时代背景下，面对高校德育教育的现实矛盾和问题，只有实现辅导员的职业化发展，完善辅导员工作体制机制，提高辅导员专业化水平，才能使辅导员积极适应各方面的形势变化，深入了解大学生的发展需求并给予及时有效的教育指导，才能使辅导员真正发展成为大学生的人生导师和知心朋友，有力地承担起辅导员的工作职责和使命。“育人为本，德育为先”教育思想已经成为辅导员职业化发展的价值依托。

一方面，“育人为本，德育为先”的教育思想是辅导员职业化发展的理论依据之一。“育人为本，德育为先”确认了德育在高校教育和人才培养中的主导地位，客观上要求高校德育工作者加强职业能力建设，推进职业化发展。虽然德育工作在高校人才培养中发挥着重要的作用，但是由于多方面的原因，德育工作的现实发展面临着严峻的挑战。其中，制约高校德育工作健康持续发展的一个关键要素就是辅导员队伍建设的问题。辅导员队伍建设经

历了社会主义革命和建设时期的发展历程，伴随着高校思想政治教育工作的不断推进，既积累了丰富的理论发展和实践探索的宝贵财富，也出现了队伍建设发展路径上的一些分歧。另一方面，“育人为本，德育为先”的教育思想是辅导员职业化发展的实践指南。在“育人为本，德育为先”教育思想的指导下，辅导员职业化发展不仅在认识层面达成了普遍的共识，在高校实践中也出现了很多具有代表性的做法和模式。这些措施既极大地鼓舞了辅导员群体的职业发展动力和工作积极性，也积累了相当多的高校德育工作创新素材。可以说，在高校德育工作领域呈现了发现问题—探索研究—提升能力的良性工作循环，辅导员职业化发展在“育人为本，德育为先”教育思想的指导下进入了良性发展的轨道。

辅导员职业化的科学发展不能离开“德育为先”，“德育为先”为其提供了发展动力和价值旨归；也不能够离开“育人为本”，德育的全部目的和价值归宿在于促进学生的全面发展。如果偏离了“育人为本”的目标，德育就缺失了发挥主导性的对象，主导性也就无从谈起。在辅导员职业化的发展进程中，既要强调德育工作的意义和价值，也要强调德育工作与其他教育工作的密切配合，将德育的引领、塑造、培养、规范等功能和智育等其他育人工作有机结合，坚持“育人为本，德育为先”，才能真正实现大学生的全面发展。

第三节　高校辅导员职业化现状与困境

一、高校辅导员职业化建设成效

（一）队伍组成趋向完善

从辅导员队伍结构来看，以专职为主配以专兼结合的队伍架构已基本搭建，其中，专职辅导员人数配备已基本达到国家标准。从来源来看，辅导员岗位来自各专业学位的毕业生，学历层次不断提高，一些具有博士学位的毕业生也加入队伍中，性别比例和年龄结构更加合理。此外，各高校还纷纷出台各项政策，鼓励各类政治素质强有奉献精神的优秀人才加入辅导员队伍，这些举措极大地调动了辅导员工作的积极性，有利于辅导员队伍的壮大。

（二）激励机制逐渐增强

各地教育主管部门和各高校也开展相应的表彰活动，各地有定期筹划“辅导员队伍建设月”，积极组织参加“全国高校辅导员素质能力大赛”和“全国高校辅导员优秀论文”评选，为适应思想政治教育工作进网络的要求，还组织了“高校优秀辅导员博客”等评选活动。对辅导员队伍的表彰和嘉奖，彰显了党和国家对辅导员队伍的关怀和重视，弘扬了辅导员积极向上的精神风貌和专业扎实的职业素养，为辅导员树立了良好的示范和榜样。

可见，通过激励机制的深化和多样化，提高高校辅导员的社会地位，使得一批辅导员年度人物涌现并成为榜样，辅导员队伍的素养相应得到了提升，在促进辅导员职业成长和专业发展等各方面都取得了重大成效。

二、高校辅导员职业化发展的困境

（一）职业认同感缺乏，队伍稳定性差

职业认同是一个心理学上的概念，是个体对所从事的职业的目标、职业的社会价值及其他因素的看法，与社会对该职业的评价及期望的一致，即个人对他人或群体的有关职业方面的看法、认识完全赞同或认可。职业认同一般是在长期从事某种职业活动过程中，对该职业活动的性质、内容，职业社会价值和个人意义，甚至对职业用语、工作方法、职业习惯与职业环境等都极为熟悉和认可的情况下形成的。职业认同是人们努力做好本职工作，达成组织目标的心理基础。不少应聘政治辅导员岗位的人，动机不是从事大学生思想政治教育工作，而是通过这个渠道进入大学，他们把自己所从事的岗位当作人生事业发展中一个阶段性岗位，而不是一种可以让人终其一生的职业，不管是社会舆论还是本人价值认同都缺乏职业认同感。

高校辅导员队伍的稳定性与辅导员职业化建设互相影响，是职业化建设过程中必然关注的问题。辅导员队伍不稳定主要有两个方面的表现，一是流动性过大，二是结构不够合理。流动性大也可分为两种情况，即被动型和主

动型。被动型流动主要指优秀的辅导员被学校抽调到校内其他管理岗或转岗为专业教师；主动型流动是指辅导员基于职业倦怠、缺乏晋升空间等原因的主动离职。对于被动型流动，一是源自高校层面对辅导员工作重视不足，认为优秀个人成为专家型辅导员不如直接培养为学校的管理骨干；二是由于辅导员职业发展路径尚不明确，辅导员职级制度没有落实，如何培养专家型辅导员和如何发挥专家型辅导员的效能还没有具体的方案。相对于被动型流动，主动选择离开辅导员岗位的情况更为突出。

职业倦怠现象严重是高校辅导员队伍不稳定的表现之一，也是辅导员队伍流动性大的重要因素。近年来，辅导员职业倦怠问题逐渐受到关注。有学者认为，导致辅导员职业倦怠的原因主要有以下几类：角色复杂不清晰，存在角色混乱和冲突；事务性工作和临时性工作量大，即工作压力大；经济收入低，社会地位低，职业发展路径不明朗等。还有调查显示，辅导员的职业倦怠与工作年限密切相关，工作年限五年以上的辅导员精力枯竭程度高于工作年限五年以下的辅导员。随着工作年限的增长，辅导员职业倦怠程度增加，一方面是来自家庭的生活和经济压力在增大，另一方面是工作的自我效能感在降低。由分析可知，缺乏职业边界和职业认同是辅导员职业倦怠问题的根本原因，加上经济压力逐年增加，必然导致职业倦怠，进而引发辅导员队伍的人才流失。

（二）高校辅导员职业规范尚未统一

高校辅导员职业规范包括职业道德、岗位规范、管理制度、考评规范等。自《高等学校辅导员职业能力标准（暂行）》颁布以来，各地、各校努力开展辅导员职业规范化工作。比如，修订和完善辅导员队伍建设规定、辅导员考核工作实施细则等。但由于政策落地的情况各不相同，在实际操作层面，辅导员职业内容还不够清晰，自身的职业意识还不够到位，岗位规范还没有建立并统一，管理制度和考评规范因学校各异，其科学性还有待进一步检验，辅导员职级职称单列的实行覆盖面还十分狭小，各类问题仍然显现。再如，教育部规定高校总体上要按比例设置本、专科生一线专职辅导员岗位，许多高校仍然无法达到这一要求，学生多、辅导员少，致使相当数量的在岗辅导员超负荷工作，更无暇顾及自身的学习、积累、研究乃至职业化发展。

（三）高校辅导员发展路径仍不明朗

高校辅导员职业化建设的不足还体现在辅导员职业发展路径不明朗。教育部规定了辅导员具有教师和干部的双重身份，实施双线晋升，但现实中，辅导员在教师和干部的两种身份间摇摆不定，难以归属。若没有实现职级职称单列，辅导员很难在科研和专业上与专业课教师竞争，而对比辅导员队伍庞大的基数，行政干部序列的晋升路径也呈现千军万马过独木桥的情况，可见大部分辅导员职位成长的需要无法得到满足。辅导员职业发展更重要的是依托专业发展，主要可分为关于专业学科学术水平的范畴和关于专业能力实践水平的范畴。关于专业分工，不少学者指出，辅导员的专业化应当借鉴国外高校的经验，高度分工，设立诸如心理、就业、党建等分类辅导员，使得辅导员能够有专家化的发展路径，但也有学者认为这样简单地划分职责会将辅导员最重要的思想政治教育工作置于尴尬的境地。

（四）高校辅导员专业素养有待加强

由于高校辅导员缺乏心理健康教育专业知识，在面对出现心理问题的学生时，无法从专业角度判断学生问题所属的类别及程度，仅凭自身的一腔热情去鼓励和教育学生，不懂得寻求专业人员的帮助，而没有及时解决学生的问题，以致拖延了救治该学生的时机，事后才明白该学生的问题已经超过自身的解决能力和职责范围，应当及时转介心理咨询师或医生。这些案例说明，许多辅导员对学生工作充满热情，但对自身工作的专业性认知不足，缺乏专业素养做分析和判断，往往凭个人的经验来直接处理工作中出现的问题，缺乏对专业知识持续的学习、思考和掌握。

第六章　高校辅导员发展面临的机遇、挑战与对策

第一节　高校辅导员发展面临的机遇

一、高校辅导员发展面临的工作机遇

（一）加强和改进大学生思想政治教育的指导思想

加强和改进大学生思想政治教育，提高他们的思想政治素质，把他们培养成中国特色社会主义事业的建设者和接班人，对全面实施科教兴国和人才强国战略，确保我国在激烈的国际竞争中始终立于不败之地，确保实现全面建设小康社会、加快推进社会主义现代化的宏伟目标，确保中国特色社会主义事业兴旺发达、后继有人，具有重大而深远的战略意义。

以马克思列宁主义、毛泽东思想、邓小平理论、“三个代表”重要思想、科学发展观、习近平新时代中国特色社会主义思想为体系的思想政治教育指导方针，全面落实党的教育方针，紧密结合全面建设小康社会的实际，以理想信念教育为核心，以爱国主义教育为重点，以思想道德建设为基础，以大学生全面发展为目标，解放思想、实事求是、与时俱进，坚持以人为本，贴近实际、贴近生活、贴近学生，努力提高思想政治教育的针对性、实效性和吸引力、感染力，培养全面发展的社会主义合格建设者和可靠接班人。科学的指导思想有助于辅导员树立明确的工作思路与前进方向，确保总体工作思路与国家的人才培养目标一致。

（二）课堂教学是推动大学生思想政治教育的主阵地

1. 高等学校思想政治理论课成为大学生思想政治教育的主渠道

思想政治理论课是大学生的必修课，是帮助大学生树立正确的世界观、人生观、价值观的重要途径，体现了社会主义大学的本质要求。

2. 形势政策教育成为思想政治教育的重要内容

各高校陆续建立大学生形势政策报告会制度，形势政策教育宣讲提纲不断得以更新，形势政策教育资源库逐步完善。国家机关和地方党政负责人为大学生做形势报告已不再鲜为人知。辅导员可及时利用此契机紧密结合国际国内形势变化和学生关注的热点、难点问题，制订形势政策教育补充教学计划，认真组织实施。

3. 高等学校哲学社会科学课程为思想政治教育承担重要职责

社会科学中的绝大部分学科具有鲜明的意识形态属性，对帮助大学生坚定正确的政治方向，正确认识和分析复杂的社会现象，提高思想道德修养和精神境界具有十分重要的作用。

4. 高校各门课程都具有育人功能，全体教师共同承担育人职责

广大教师坚持以德育人、爱岗敬业、为人师表、教书育人，以自己的道德追求、道德情感、道德形象引导教育学生，将思想政治教育融入大学生专业学习的各个环节，渗透到教学、科研和社会服务各个方面成为广大高校的共识。各高校教学主管部门深入发掘各类课程的思想政治教育资源，强化专业教师在授课过程中进行思想政治教育的自觉意识；长期潜移默化的影响使学生在学习科学文化知识过程中把加强思想修养、提高政治觉悟当成基本的功课，青年学生立志学有所成报效祖国成为主流意识；绝大多数专业课教师坚持做到师生互助无禁区、课堂讲授有水平，严管教育教学秩序，切实加强大学生人才培养管理；结合专业课的不同特点培养大学生的不同特点，培养大学生的创新力、协作力、领导力等素质。

（三）党团组织在大学生思想政治教育中的作用

1. 党的政治优势和组织优势为做好大学生思想政治教育工作提供保障

高等学校党组织高度重视学生党员发展工作，坚持标准，保证质量，把优秀大学生吸纳到党的队伍中来。对入党积极分子注重早期培养，对大学生党员加强先进性教育，提高党性修养，充分发挥其在大学生思想

政治教育中的骨干带头作用和先锋模范作用。

2. 共青团、学生会和研究中心等组织为推进大学生思想政治教育提供活力

高等学校各团组织始终坚持把加强大学生思想政治教育工作摆在突出位置，充分发挥在教育、团结和联系大学生方面的优势，竭诚为大学生的成长成才服务。各级团学干部组织在共青团指导下，针对大学生特点开展了生动有效的思想政治教育活动，把广大大学生紧密团结在党的周围，在大学生思想政治教育中充分地发挥了桥梁和纽带作用。

3. 班级、社团等组织形式为开展大学生思想政治教育提供灵活的空间

班级是大学生的基本组织形式，是大学生自我教育、自我管理、自我服务的主要组织载体。高校辅导员要带领学生干部不断加强班级集体建设，组织开展丰富多彩的主题班会等活动，充分发挥团结学生、组织学生、教育学生的职能。同时，随着学生社团队伍的不断壮大，社团已逐渐成为大学生丰富课外活动、发挥聪明才智的理想场所。

（四）国家和各级政府日益重视大学生思想政治教育

1. 大学生思想政治教育工作队伍建设不断得到重视

大学生思想政治教育工作队伍主体是学校党政干部和共青团干部、思想政治理论课和哲学社会科学课教师、辅导员和班主任。所有从事大学生思想政治教育的人员，都能坚持正确的政治方向，不断加强思想道德修养，增强社会责任感，成为大学生健康成长的指导者和引路人。广大教职员工已逐渐明确对大学生进行思想政治教育的重要责任，在正确的政策导向和自身要求下，不断提高师德和业务水平，爱岗敬业，教书育人，为人师表，以良好的思想政治素质和道德风范影响和教育学生，形成教书育人、管理育人、服务育人的良好氛围和工作格局。

2. 大学生思想政治教育工作的良好社会环境日益成熟

各级、各地政府为高等学校创建了良好的育人环境，把优化校园周边环境作为推进社会主义精神文明建设的重要任务；各地结合城市改造和社区建设不断改进城市规划，加强综合治理，为大学生思想政治教育提供了各种硬件、软件的支持；全社会逐渐形成关心大学生健康成长的氛围，大学生思想政治教育工作得到各方支持；宣传、理论、新闻、文艺等方面积极坚持弘扬

主旋律，为大学生思想政治教育营造良好的社会舆论氛围，为大学生提供了丰富的精神食粮。

3. 对大学生思想政治教育工作的领导不断加强

各级党委和政府从战略和全局的高度，充分认识到加强和改进大学生思想政治教育的重大意义，把“培养什么人”“如何培养人”这一重大课题始终摆在重要位置，切实加强领导。教育部长期坚持对全国高等学校大学生思想政治教育工作统一规划、组织协调、宏观指导和督促检查。各地、各有关部门主动配合，共同做好大学生思想政治教育工作，民办高等学校党的建设和大学生的思想政治教育不断得以加强。高等学校充分发挥了大学生思想政治教育主阵地、主课堂、主渠道作用，大学生思想政治教育工作逐渐居于学校各项工作的首位，贯穿教育教学的全过程。

（五）职业化、专业化、专家化是高校辅导员的发展方向

1. 专门化职责的发展逐步完善

首先，学生事务管理、学生心理健康、学生职业咨询和学生生活园区管理等大学生的学习和生活可能涉及的重要方面已经成为辅导员工作的共同主题。同时，在这些领域中，学生工作专门化的职能还在不断申报。其次，目前我国这几个方面的专门化职责的发展已经具备相应的学生工作理论基础，很多工作的开展已彰显高水平实力。

2. 专业化的队伍逐渐形成

伴随着学生工作的专业化范围和深度的不断发展，相应的学生工作专业课程已经设立，充分的学生工作理论和科学的辅导员培训制度提供了相关的专业理论与技能知识保障，具备深入学生工作专业研究能力的专业化高校辅导员队伍不断壮大。

3. 专门的职业认可机构和机制得以确立

各地方和学校陆续建立了自己的辅导员制度和培训、考核等制度，建立辅导员职业相关制度的地区越来越多，这些制度虽未形成完全统一的标准，但有关辅导员职业准则和道德规范等都能严格遵守党中央、教育部文件精神，专业化论证或认可已被提上日程。

4. 专业化学术水平不断提高

高校都设有学生处或学生工作部门，学生工作研究的教学和学术机构也相继成立，最有代表性的是心理健康和就业指导的教学和研究室。学生工作

人员的学术研究工作日益得到重视，相互间的交流和合作不断加强，学术上争先创优的风气日益浓厚。

二、高等教育的改革与发展对高校辅导员工作提出了新课题

（一）高等教育改革的重要措施

1. 全面提高高等教育质量

高等教育承担着培养高级的专门人才、发展科学技术文化、促进现代化建设的重大任务。提高质量是高等教育发展的核心任务，是建设高等教育强国的基本要求。未来，我国的高等教育结构将会更加合理，特色更加鲜明，人才培养、科学研究和社会服务整体水平得到全面提升，会建成一批国际知名、有特色、高水平的高等学校，若干所大学达到或接近世界一流大学水平，高等教育国际竞争力显著增强。

2. 不断提高人才培养质量

人才培养在高校工作中的中心地位得到牢固确立，各高校着力培养信念执着、品德优良、知识丰富、本领过硬的高素质专门人才和拔尖创新人才，教学投入不断得以加大。教师把教学作为个人职业的首要任务，不断提高教育、教学水平，实验室、校内外实习基地、课程教材等教学基本建设得以不断加强。各高校不断深化教学改革，推进和完善学分制、选课制、弹性学制，学科交叉、文理交融不断得到推进；学生参与科学研究的支持力度不断加大，实践教学环节进一步强化；创新创业教育在全国高校得以推进。各高校陆续创建高校与科研院所、行业企业联合培养人才的新机制，全面实施高校本科教学质量与教学改革工程，充分调动学生学习积极性和主动性，激励学生刻苦学习，奋发有为。同时，应对社会诚信危机的各类主题教育不断出现，大学生诚信意识有所增强。

3. 提升科学研究水平

充分发挥高校在国家创新体系中的重要作用，鼓励高校在知识创新、技术创新、国防科技创新和区域创新中做出贡献；大力开展自然科学、技术科学、哲学社会科学研究；坚持服务国家目标与鼓励自由探索相结合，加强基础研究；以重大实际问题为主攻方向，加强应用研究；促进高校、科研院所、企业科技教育资源共享，推动高校创新组织模式，培育跨学科、跨领域的科

研与教学相结合的团队，促进科研与教学的互动；加强高校重点科研创新基地与科技创新平台建设；完善以创新和质量为导向的科研评价机制，积极参与马克思主义理论研究和建设工程，深入实施高校哲学社会科学繁荣计划。

4.增强社会服务能力

高校要牢固树立主动为社会服务的意识，全方位开展服务；推进产学研用结合，加快科技成果转化；开展科学普及工作，提高公众科学素质和人文素质；积极推进文化传播，弘扬优秀传统文化，发展先进文化；积极参与决策咨询，充分发挥智囊团、思想库作用；鼓励师生开展志愿服务。

5.传承文化

文化是一个国家经济社会发展的主要支撑，有时也被称为软实力。守护、传承、创新文化已是高校必须承担的新功能，也是高校应有的功能。这个功能实现得如何，不仅决定着高校的水平与质量，也决定着它对国家和民族的意义。

高校能将不同文化置于同一平台，是差异得以展示、了解得以进行、沟通得以实现、融合成为可能的唯一场所。消弭文化冲突，高校可以发挥独特优势。进行跨文化的交流与融合正是国际化背景下高校的新使命。把中国文化传播出去，增强中华文化在世界的影响力，使中国文化为世界所向往，对此，高校责无旁贷。

6.优化结构办出特色

适应国家和区域经济社会发展需要，建立动态调整机制，不断优化高等教育结构，优化学科专业和层次、类型结构，也要优化区域布局结构，设立支持地方高等教育专项资金。比如，加大对中西部地区高等教育的支持，实施中西部高等教育振兴计划；鼓励东部地区高等教育率先发展，加大东部地区高校对西部地区高校对口支援力度。要促进高等学校办出特色，政府就要实行分类管理、优化结构。办学特色是高等学校办学质量、办学活力与竞争力的重要体现，是一所高等学校经过长期积累形成的区别于其他高等学校的特征。高等学校走多样化发展之路和办出特色是高等教育大众化阶段的必然要求。

（二）人才培养体制改革的重要思想

1.更新人才培养观念

深化教育体制改革，关键是更新教育观念，核心是改革人才培养体制，目的是提高人才培养水平。树立全面发展观念，努力造就全面发展的高素质人才；树立人人成才观念，面向全体学生，促进学生成长成才；树立多样化人才观念，尊重个人选择，鼓励个性发展，不拘一格培养人才；树立终身学习观念，为持续发展奠定基础；树立系统培养观念，推进大、中、小学有机衔接，教学、科研、实践紧密结合，学校、家庭、社会密切配合，加强学校之间、校企之间、学校与科研机构之间的合作及中外合作等多种联合培养方式，形成体系开放、机制灵活、渠道互通、选择多样的人才培养体制。

2.创新人才培养模式

遵循教育规律和人才成长规律，深化教育教学改革，创新教育教学方法，探索多种培养方式，形成各类人才辈出、拔尖创新人才不断涌现的局面。注重学思结合，倡导启发式、探究式、讨论式、参与式教学，帮助学生学会学习；激发学生的好奇心，培养学生的兴趣爱好，营造独立思考、自由探索的良好环境；适应经济社会发展和科技进步的要求，推进课程改革，加强教材建设，建立健全教材质量监管制度；深入研究、确定不同教育阶段学生必须掌握的核心内容，形成更新教学内容的机制；充分发挥现代信息技术作用，促进优质教学资源共享，注重知行统一，坚持教育教学与生产劳动、社会实践相结合；开发实践课程和活动课程，增强学生科学实验、生产实习和技能实训的成效；充分利用社会教育资源，开展各种课外、校外活动、加强中小学校外活动场所建设，加强学生社团组织指导，鼓励学生积极参与志愿服务和公益事业；注重因材施教，关注学生不同特点和个性差异，挖掘每位学生的优势潜能；推进分层教学、走班制、学分制、导师制等教学管理制度改革，建立学困生的帮助机制；改进尖子生培养方式，在跳级、转学、转换专业以及选修高一学段课程等方面给予支持和指导；健全公开、平等、竞争、择优的选拔方式，创新研究生培养方法和培养模式。

3.改革教育质量评价和人才评价制度

在日趋激烈的国际科技竞争、人才竞争、教育竞争面前，在建设人力资源强国和创新型国家的迫切要求面前，突破人才培养的体制障碍，全面推进人才培养体制改革成为当务之急。按照形成体系开放、机制灵活、渠道互通、选择多样的人才培养体制的要求，《国家中长期教育改革与发展》规划纲要（2010-2020年）从更新人才培养观念、创新人才培养模式、改革教育质量评价和人才评价制度三个方面提出了人才培养体制改革的任务措施。其中，适应经济社会和教育发展的新趋势、新要求，转变人才培养观念是关键；按照学思结合、知行统一、因材施教的原则创新人才培养模式是核心；遵循人才成长规律，改革教育质量评价和人才评价制度是重要保证。

第二节　高校辅导员发展面临的挑战

一、高校辅导员自身面临的挑战

（一）现实对高校辅导员素质能力提出高要求

1.教书与育人统一的要求

古人云："师者，传道授业解惑也。"现代大学的功能中，教书育人的功能历来备受瞩目，而在新形势下，全员育人的理念被越来越多的高校吸收并得以逐步贯彻。专业课教师和学生管理人员需要集体担负起越来越多的育人责任，教师不仅要关注专业课教学，还要对学生的思想道德、心理健康、情感发展、综合能力及团队合作精神等方面的素质给予关心与指导，在学生需要的时候主动与学生保持频繁的交流与沟通，通过书信交往、集体讨论、单独辅导等形式，为大学生的成长和发展提供各种力所能及的帮助与指引。为了应付越来越大的科研压力或者满足个人成长进步的需要，专业课教师往往在授课结束后匆匆离去，无暇顾及学生的单独辅导渴求或者情感交流需要，使原本应由专业教师和辅导员共同承担的育人重担单一地落在辅导员身上。面对纷繁复杂的社会环境，辅导员将在相对孤立的情况下，孤独面对来自学生的各种需求。

2.人才强国目标实现的需要

为完成科教兴国战略培养人才、增强民族创新能力的历史任务，高校应责无旁贷地通过各种可行的途径，切实加大人才培养力度。与20世纪末期的辅导员相比，如今的高校辅导员必须通过各种努力，为本科生顺利进入深造或者就业领域创造机会，为社会、国家发展早日输送大量人才。辅导员需要在长期的工作实践中牢固确立人才培养在学生工作中的中心地位，着力培养信念执着、品德优良、知识丰富、本领过硬的高素质专门人才和拔尖创新人才；配合教学投入加大的各项工作，努力开创校内外实习基地；鼓励学生多参与科学研究，通过开展各种校企合作、校区合作强化社会实践环节；引进社会有益资源着实推进创业教育；健全学生成长质量保障体系，充分调动学生学习的积极性和主动性，激励学生刻苦学习、奋发有为，并增强他们的诚信意识；改进学生教育、服务水平，加强对学生的就业指导服务。

3. 国际化趋势

教育全球化将成为未来教育发展的主流之一。加强国际交流与合作，开展多层次、宽领域的教育交流与合作才能有助于提高我国教育国际化水平。不断借鉴国外高校先进的教育理念和教育经验，有利于促进我国教育改革发展，提升我国教育的国际地位、影响力和竞争力；有利于适应国家经济社会对外开放的要求，培养大批具有国际视野、通晓国际规则，能够参与国际事务与国际竞争的国际化人才。国家对在教育领域不断引进境外优质教育资源，提高交流合作水平，加强内地与港澳台地区的教育交流和合作的努力将不断得以强化。辅导员身处国际化的发展大潮中，将不可避免地受到各种文化的冲击及可能带来的学生成长的矛盾挑战，如何顺利地应对将成为很大的挑战。

（二）高校辅导员面临的诸多问题

随着社会的发展和高等教育改革的深入，学生工作内容不断得到丰富，逐渐走向复杂化。目前，高校辅导员身兼思想政治教育实践者、学生行为管理者、大学生人生发展指导者、学生日常生活关心者、心理健康辅导者、学生集体活动领导者、就业工作引导者等多重角色，有时还要从事一定的思想教育理论研究、困难学生帮助、上传下达党情国策、动态掌握学生思想、网络舆情监督等一系列复杂的角色和工作。这些伴随时代发展不断得到丰富和扩充的工作职责，给辅导员带来很大的角色冲突与困扰。

长期以来，变化多端的工作性质、纷繁复杂的工作内容、“多面手”的角色扮演，给辅导员带来巨大的职业压力。每一种角色扮演都需要有特定的知识、能力和素质。为顺利完成日益增多的工作内容，辅导员在工作之余，必须不断地学习、充电，更需要时刻关注瞬息万变的流行元素。同一时间内不同工作内容之间的部分冲突或负面影响，可能直接导致辅导员对自身工作性质的部分否定或对整个职业的质疑。多重任务、多个角色的压力势必使辅导员在时间和精力上出现紧张感，直接导致工作效率的降低，而这种工作压力的长期积累及工作高标准、高要求带来的焦虑与恐惧，将直接威胁到辅导员的心理健康，导致其职业认同度和幸福感直线下降，长此以往，将造成辅导员心力交瘁，从而引发职业倦怠。

（三）高校辅导员队伍发展与管理水平的困境

我国高校辅导员的发展虽然已经走过半个多世纪的发展历程，但迄今为止，鲜有为辅导员工作出台的立法，有的只是各种纲领性的文件精神或者指令，而国家文件指导精神在全国各地的落实情况更是因不同地域、不同高校之间的特殊情况，有着非常大的差异，辅导员队伍建设和工作能力水平在整体上良莠不齐。

辅导员各项专门化职责的发展虽逐步走向完善，但在同一个辅导员身上多种职责的高度重合现象严重，专业化分工不够明确；专业化的队伍逐渐形成，本、硕、博三阶段的专业课程虽已建立，但接受此类专业教育的人员有限，真正的专业人才仍无法得到足够的保障，且仅靠传统意义上的思想政治教育专业无法解决现阶段的全部问题；专门的职业认可机构和机制得以确立，但在全国范围内的普及与标准统一仍需要很长的时间，目前辅导员队伍中的大量人员没有比较明确而统一的职业发展方向；专业化学术水平虽不断提高，但辅导员工作仍需要大量的教育学、心理学、管理学、组织行为学、公共关系学、医学等专业理论作为支撑，而且辅导员在现实工作中获得这些理论支持的可能性不大，入职前的知识储备已明显不能跟上日益复杂的工作需求。

二、教育目标与人才培养理念的多元化，对辅导员工作提出挑战

（一）教育目标多元化

教育目标多元化是指根据社会的需要和学生个体状况将学生培养成为不同规格、不同层次、不同发展方向的现代公民。教育目标多元化有两层基本含义：一是无论学生的层次、规格、发展方向有多大差别，所有的教育目标都必须服从于合格的现代公民这一内容的要求与方向，即通常讲的培养现代化的建设者；二是指结合社会需要与个体自身的状况和能力特长对学生的成长做出最佳选择，力争为每个学生找到成长的最佳模式，力争使其中的部分学生通过长期不懈的努力成为未来各个行业的专家，即力争为社会培养未来的接班人。

为实现教育目标的多元化，传统的大学生培养、考核机制都必须不断地改进，越来越多的教育专家和管理者开始思考多样化的大学生选拔机制、培养机制、综合评价体系、生涯规划机制、成长引导体系等，分阶段、全方位地设计新的大学生教育、培养综合体系，如近年来的高校自主招生、大学生创业计划、各类各级奖学助学条例的制定与修改就是很明显的例子。

（二）人才培养理念的多元化

长期以来，我国高校教育的首要目标就是学习已有的文明成果，注重对知识的传授，而忽视了学生潜能和创新能力的培养，人才培养理念亟待革新。当代大学需要一个什么样的人才培养理念来推动我国高校人才培养质量的提高和培养更多杰出的创新型人才，是教育改革的当务之急。

知识经济时代需要大量的人才来参与经济的发展，国家的综合国力的较量归根到底是人才的竞争。然而，目前高校培养的学生不能很好地将所学知识应用于实践，主要问题有以下两个。

1.重知识传授、轻能力培养，人才培养理念缺乏现代意识

传统教学模式是以教学为主导的授课方式，教师不停地讲解，学生被动地听讲。高校课堂仍然是以知识传授为主的教学模式，教师还在扮演着知识的传授者，他们将专业知识与经验传授给学生，希望学生能尽快地获得知识的积累和增长。从表面上看，采用这种教学模式似乎提高了教学效率，实质上教学效果不理想，学生习得的知识不能得到消化，更别说应用。这不利于学生创造性思维能力的形成，也不利于培养学生的学习能力。

人才培养理念陈旧，缺乏与时俱进的现代意识。人才培养最基本的问题就是学生在知识、能力、素质各个方面都得到发展，而当今的高等教育重视知识传授的系统性，忽略了学生运用知识解决实际问题的能力，也没有培养出他们的创业能力和创新能力。

2.高校对学生的创新意识、创新思维、创新能力的培养重视程度不够

市场经济要遵循市场经济的规律，紧跟社会对人才的需求，培养与社会接轨的人才。社会需求最突出的表现是对人才市场的需求，高校培养的人才必须适应科学文化发展的需求，适应经济结构变化的需求，适应国家发展战略的需求。大学是一个多元文化并存的地方，培养出来的人才也应是多样化。随着社会经济的发展，社会的需求逐渐多元起来，要求高校为

各行各业培养各种专业人才。为缓解高校人才培养和社会需求之间的矛盾，社会对人才培养理念的多元化需求越来越明确，迫切要求高校树立培养多元化的人才理念，满足社会经济发展的需求。其多元化的需求主要集中在以下两个方面。

一是人才培养方式多元化。我国现有的高等教育仍为统筹性教育，过分追求人才培养过程的统一性，过分追求规模效应，谈不上因材施教，不利于个性化人才的培养，因此迫切需要培养方式的多元化。此外，由于人才培养需要与市场需求接轨，市场对人才的需求并非一成不变的，这就客观地要求高等院校采用多元化培养方式，培养基础扎实、知识面宽、能力强、素质高的不同类型的人才。比如，工科类专业就可以采用前期拓宽专业口径、后期分设专门化方向进行分流培养的模式。

二是人才培养规格的多元化。市场对人才规格的需求是多种多样的，有的需要基础型人才，有的需要应用型、职业型人才，有的需要复合型人才，有的需要外向型人才，这就要求高等教育人才培养规格要多元化。

三、大学生群体的新特点提出了挑战

（一）大学生自身利益得到高度重视

新时期的大学生的自身利益得到高度重视，受各种因素影响，大学生的处世态度日趋务实。同时，由于经济快速发展引发的功利取向加剧，大学生价值追求和行为选择的实用化倾向日益明显。他们在处理个人理想与国家理想关系上，更注重二者的有机结合，在理想的实现途径上也更注重个人的努力奋斗。在面对个人发展方向时，大学生选择考研、出国、进外企、自主创业的比例明显增大。同时，当代大学生的物质观在错综复杂的市场环境中不断受到冲击，少数大学生过早地盲目追逐权力、名誉和地位，物质财富在大学生中的重视程度达到前所未有的高度。

（二）大学生对传统文化的传承有待加强

西方文化大量涌入我国，传统文化饱受冲击。如今，众多的民族传统礼仪、节日习俗、优秀传统思想等在部分大学生中逐渐被淡忘。高等教育要想保护并复兴传统文化，就应通过各种教育引导学生学习和传承民族传统文化。

（三）大学生消费观念明显超前

大学生是当代青年中的特殊消费群体，有着巨大的消费潜力，近年来，在巨大利益的诱惑下，专门刺激、吸引大学生群体消费的各种模式层出不穷。分析大学生的消费构成，主要分为生活消费、学习消费、休闲及娱乐消费、人际交往消费等几个方面。而从大学生的消费行为来分析，当代大学生的消费一般具有追求前卫性、崇尚个性化、讲究实用性和差异性明显的特点。近年来大学生，生活消费、学习消费只在部分方面有所增加，而休闲及娱乐消费、人际交往消费则由于社会服务行业的迅速完善和对于大学周边环境的不断渗透而大举攀升。业余休闲、娱乐消遣、时尚用品、旅游开支、人情消费、恋爱消费等支出成为很多学生无法避免的每月支出，成为众多学生家长难以承受的经济压力。过于频繁的各类消费，易分散大学生在繁忙学业之外有限的业余精力，使他们滋生盲目攀比的心理，养成好逸恶劳、不思进取的不良行为习惯。如何加强消费观教育，帮助大学生形成健康的金钱观，养成良好的理财习惯，引导合理的消费模式，也成为当下辅导员需要关注的重点话题之一。

（四）伦理困惑

大学生处在社会与学校的双重生活中，不可避免地受到各种价值标准变化的影响，使其原有的伦理选择失去依据，造成当代大学生在理想与现实、自我与社会、物质追求与精神寄托方面的多重矛盾，比较显著地表现在以下两个方面。

一是传统道德。中国传统文化源远流长，根深蒂固，形成了极为深厚的社会伦理道德心理和传统习惯定式，然而在现代经济冲击下，传统伦理道德的约束力大为削弱，同时面临许多新的伦理问题。大学生一方面认可传统文化中倡导的人际和谐，注重群体本位或集体意识价值观念，赞同友爱、公平正义、关心他人、乐于助人、待人诚实等伦理规范；另一方面存在着价值取向的自我化和价值标准的实用化同实现社会价值的矛盾。比如，在消费观念上，传统的“艰苦朴素”的消费观与追求时尚、互相攀比等享乐主义消费观的冲突，部分大学生花钱大手大脚，潜藏着一定的心理失衡。

二是社会正义感。正义包括政治、法律和经济上的平等，在各方面都拥有同等的权利。正义的原则强调的不仅是条件的公平、机会的公平，还是结果的公平。大学生期望机会均等、起跑线均等、游戏规则均等，而在社会上及学校中却存在不公平、不公正的现象。部分大学生对于社会生活中一些不公平、不公正的现象深恶痛绝，呼唤社会风气的好转，同时又利用这种不公平获得利益，其所运用的各种恶意竞争手段和为达目的不择手段的做法与社会主义的公平竞争格格不入，更使那些有志于靠自己奋斗的同学感到迷茫了。

（五）大学生面临着较大的市场竞争和就业压力导致的心理恐惧蔓延

身处市场经济大潮的当代大学生，从进入大学的第一天，就面临着各种竞争，大学四年，很多大学生都有过或大或小的失败经历，市场竞争的残酷、激烈和无情，影响部分大学生对自身的认识，使其缺乏自信从而对未来发展深感忧虑。少数大学生在大学初期适应性不强，在后期求职中由于学业困难或者职业技能不足而无法胜出，部分学生在整个大学期间缺乏科学的生涯规划，在就业过程中带有或多或少的盲目性或随意性。

（六）婚恋观

作为大学生活的一个重要组成部分，恋爱和婚姻始终是大学校园里比较现实而又敏感的话题。近年来，随着大学生婚恋观的价值多元化和情爱关系形式多样化的日益明显，有关大学生婚恋问题引发的各种矛盾也日益增多，如高消费问题、学习成绩问题、失恋后的心理问题等，越来越引起社会各界的关注和重视。

四、工作环境与内容：面临深度和广度的挑战

（一）国内外环境与形势的变化，使高校辅导员的工作面临严峻的挑战

当今社会环境复杂多变，全球化带来的思想文化冲突，信息化过程中一些负面或片面信息的影响，市场经济发展带来的消极影响，国际、国内瞬息万变的局势，各种多元化思潮对大学生思想的影响等，都给高校辅导员的工作带来了挑战，使辅导员完成对大学生思想引领和教育的任务越来越艰巨。

1. 全球化浪潮给辅导员工作带来的挑战

我国在改革开放的推动下已汇入势不可当的全球化浪潮。全球化进程改变了教育所处的大环境，也改变了教育的主体——学生。全球化有利于大学生增长见识，学习和借鉴世界优秀文化成果，但同时西方的政治主张、价值观念、生活方式也随之而来。传统与现代的相遇、新生与陈旧的交锋、先进与落后的对垒、东西方文化的碰撞，对当代大学生的生活方式、价值观念、伦理道德、交往方式、人际关系、社会心理等产生了巨大的冲击和深刻的影响，出现了许多前所未有的新情况、新问题。全球化使市场经济意识、等价交换等经济法则深入大学生的头脑，导致其自我发展、自我成才的价值取向具有功利化色彩，社会责任感淡化；全球化丰富的资讯使大学生的思想开放度扩大但文化选择能力薄弱，道德认知水平提高但自律性较差。全球化引发的这些问题使大学生思想政治教育受到了前所未有的挑战，给辅导员工作提出了新的要求。

2. 新媒体技术推广给辅导员工作带来的挑战

网络信息化时代的新媒体技术给高校辅导员开展思想政治教育工作带来了新的挑战。随着网络技术、多媒体的迅猛发展，以互联网为基础平台，以博客、微博、读图、手机短信、手机报等为传播形式，以电脑、手机、平板电脑等为传播工具的新媒体已经成为大学生了解社会、获取信息、相互交流的主要渠道。它们为大学生的学习、生活和工作带来方便快捷的同时，其负面影响也令人担忧。虽身处校园，但绝大多数大学生借助新媒体几乎无限制地接收来自全世界的信息，网络信息传播速度快，灵活性高，覆盖面广，群集传播和社会动员能力强。新媒体技术的普及和应用对高校辅导员工作提出了新的挑战。网络立法的滞后性和网络技术的欠完善性，给有害信息的传播以可乘之机，大学生鉴别能力和自制力不强，多元化价值取向容易引起大学生思想上的混乱，极易对其政治立场、价值观念、道德伦理、人生态度、行为方式等产生不良影响。网络的隐蔽性、欺骗性、虚拟性使得大学生思想变化难以预测，导致少数大学生沉溺于虚拟的网络世界之中不能自拔，荒废了学业，忽视了现实生活中的人际关系，身心受到了很大的伤害。总之，网络信息和新媒体技术的运用对高校辅导员传统的教育方式和教育权威性提出了挑战。

3.知识经济给辅导员工作带来的挑战

知识经济时代的到来对高校辅导员的工作带来了新的冲击。知识经济需要创新精神的人才，而创新型人才需要依靠高等教育的培养。一方面，知识迅速增长和快速更新，带来了许多新的教育和管理思想，不注重学习就跟不上时代潮流；另一方面，知识经济提高了对人才质量的要求。当今社会，高校不仅要培养学生具有丰富的自然科学知识、广泛的人文科学知识、科学的理论素养和思维方式，还要培养学生健全的人格、高尚的品德及创新精神和实践能力。传统的思想政治教育工作的管理模式已经不能适应时代的发展，其工作重心应放在学生素质的培养和提高上，这就要求辅导员根据知识经济的特点和高校的人才培养的新目标，探索符合时代特点的教育管理规律，构建新的教育管理模式。传统的思想政治教育手段和方法已不适应形势发展的需要，新形势下如何有效开展思想政治教育工作对辅导员来说极富挑战性。

4.复杂多变的国内外形势给辅导员工作带来的挑战

国内外形势的变化给意识形态领域带来了很大的冲击，赋予辅导员更加艰巨的使命。大学生正处在人生的重要阶段，是“三观”形成的关键时期，虽然他们具有一定的辨别是非的能力，但容易受各种文化、观念的冲击和外界环境的影响，容易产生扭曲和错位的世界观、人生观、价值观。在纷繁复杂的社会环境中，高校辅导员不仅要洁身自好，还要肩负起引导大学生认清形势，坚定理想信念，坚守思想阵地，为党和国家培养坚定的建设者和接班人的重任。

（二）高等教育体制改革和发展出现的新情况和新问题，给辅导员提出了新课题

1.高教改革给辅导员提出了新课题

随着我国高等教育体制改革的全面推进和高等教育事业的快速发展，高校招生规模和数量不断扩大，高等教育从精英化向大众化转变，导致辅导员的工作量增多和管理难度加大。一方面，学生数量增加，收费标准提高，学习和就业压力增大，经济困难、学习困难和心理困难的学生增多，这些导致辅导员的工作量和管理难度加大，使辅导员长期处于超负荷的工作状态；另一方面，在大众化教育普及和学生个性张扬的时代，学生由单纯的受教育者变成了教育的权利主体，教育在一定意义上变成了大学生的文化消费，大学

生和社会对办学条件和教育质量有了更多、更高的期望和要求，因而随着辅导员工作量和工作难度的加大，高校辅导员面临着严峻的挑战。因此，辅导员需要坚定信仰，不断提高知识结构和能力素质，提升学生培养、教育、管理、咨询、辅导等方面的工作能力，以适应学生思想政治教育工作的要求和教育体制改革的需要。

2. 不断拓展的辅导员工作内容

高校辅导员的主要职责是开展思想政治教育和进行学生事务管理，思想政治教育是辅导员工作的核心内容。但在实际工作中，辅导员往往身兼数职，忙于各种繁杂琐事，凡是与大学生有关的事都要管，而且随着高校教育改革和教育环境的变化，辅导员的工作在时间、空间、内容上都有不断扩张和拓展的趋势。

高校辅导员传统的工作内容要随时了解和关注国内外重大时事，并帮助学生透过现象认识本质，针对学生开展形势政策教育；督促学生刻苦学习，树立良好的学风；做好对学生的学业指导，尤其是学业困难学生的思想引导与帮助做好学生的安全教育，通过防火防盗宣讲、常规教育、演习、安全提醒，教导学生维护人身和财务安全；组织学生进行党史、党章学习，引导学生树立正确的入党动机，培养和发展优秀青年加入党团组织，进行党员教育使其保持先进性，为党员学生服务，为党和国家培养合格建设者和接班人是辅导员重要的政治任务；认真做好各项班务工作，关心学生生活和健康，特别要重视关心和解决贫困生和生病学生的生活和就医问题；经常与家长联系，交流学生在学校和家里的表现情况，寻求家长给予配合，共同培养学生成才。

除此之外，高校辅导员有很多拓展了的工作内容，而且在不断拓展，具体如下。

（1）担任思想政治课程教师并指导学生选课。

实践学期的设立，使辅导员成为一些实践类课程诸如形势与政策实践课、思想道德修养实践课、军事技能课、心理健康指导课的授课教师。辅导员带领学生进行班团组织建设和集体凝聚力培育面临更多的问题，需要花费更多的精力。大学生学分制、选课制和弹性学制的实施，使同学不同班、同班非同学的现象已非常普遍，多学期制、短学期制打破了学年制整齐划一的教学管理模式，较之于传统的班集体形式，该模式显得松散，学生的班级观念淡化。辅导员需要指导学生选课，帮助学生安排合理的学习计划，并针对专业学习与实践学习的划分给予指导。

（2）开展网络思想政治教育。

随着新媒体技术的广泛应用，辅导员要学习使用新媒体技术，占领思想政治教育的新阵地，以网络等新媒体为载体，大力宣传思想政治教育的方针、政策，运用微信、微博等即时交流工具把握学生思想动态，并积极给予引导。

（3）将学生工作融入社区管理。

社区是大学生学习生活的重要场所，辅导员的工作要进社区。辅导员要“驻楼”，与学生“三同”，随时了解学生状况，与学生保持密切联系；重视学生生活区域的引导、教育和精神文明建设，把思想政治教育工作融入学习和生活的方方面面，在点滴中育人。

（4）突发事件的应对与处理。

突发事件影响正常的教学秩序，影响校园安全稳定，甚至危害社会安定和政治稳定。所以，辅导员必须具备处理复杂事件、突发事件的能力，在高校突发性事件的应对中发挥积极作用。

（5）实践育人。

辅导员要组织带领学生参与各类日常的社会实践活动、志愿服务活动以及党团班级活动，培养学生的社会责任感和综合能力，为其踏入社会做好准备。

（6）依法办事及法制教育。

随着我国依法治国的实行和各项法律法规的不断健全，大学生、家长及社会各阶层人士的法律意识不断增强。这要求辅导员依法履行辅导员职责，学习法律法规和规章制度，不仅要对学生进行法治教育，还要依法维护学生、个人及组织的正当权益。

（7）职业生涯教育。

大学是学校到社会的过渡阶段，大学生最终要成为社会的“职业人”，辅导员需要学习职业生涯规划的相关知识，要具备对学生进行职业生涯指导与规划的能力，引导学生选择适合的职业，做好毕业生就业教育，帮助学生为实现理想的职业而努力。

（8）创新创业教育。

创新力是国家和民族自立于世界民族之林的基础，大学生需要培育创新

能力。辅导员不仅自身要解放思想、发散思维，也要引导和培育学生的创造性，通过创新创业教育、创新项目建设等途径培育学生的创新能力。

第三节　高校辅导员发展的对策

一、高校辅导员发展的原则

（一）共赢原则

共赢是高校辅导员职业生涯发展的首要原则，即辅导员职业生涯发展既要有利于辅导员自身的发展，又要兼顾学校的利益。辅导员个人发展与学校的发展壮大是休戚与共、息息相关的，具有利益一致性。有效的辅导员职业生涯发展管理，要求辅导员（个人）与高校（组织）之间相互配合，高校组织要了解辅导员个人职业发展需要，为其营造良好的组织生存环境；辅导员要不断学习，提高自身素质，努力工作来回报高校。辅导员个人在实现自身价值的同时，也实现了高校组织的发展目标，最终实现共赢的局面。因此，二者相互依存，缺一不可。

（二）公平原则

公平性原则是人格价值与人人平等的体现，是维护从业人员整体积极性的重要保证。公平性原则是指高校公开、公平、公正地开展高校辅导员职业生涯发展活动，每一位辅导员有均等的机会参加学校的职业生涯发展活动。高校在提供发展信息、教育培训机会、任职机会时都应该公开其条件与标准，保持高度的透明度。公平性原则必须以制度建设为基础，要不断地健全和完善辅导员队伍建设的制度，形成长效机制。制度的建立和完善必须发动辅导员积极参与，共同讨论、修改，保障辅导员的知情权和参与权；同时，要经过相关职能部门的审阅、修订和同意。制度一旦形成，全体成员必须遵守，共同受到约束，体现人人平等。

（三）共同原则

共同性原则是指在高校辅导员职业发展计划的制定和实施过程中，皆由党委组织部、学生工作部（处）、人事处、院（系）党总支和辅导员共同参与、共同制定、共同实施与共同完成。辅导员职业生涯发展除了个人合理规划、积极进取外，还离不开学校各个方面提供的各种政策和制度保障，必须妥善处理个人发展与组织支持的关系。学校要从战略和全局的高度制定有利于学校事业发展和辅导员个人发展的制度和政策，辅导员也要结合学校的现实条件和个人的发展诉求去制订与实施职业发展计划。

（四）沟通原则

沟通对高校辅导员职业生涯发展非常必要，有利于实现个人和组织的共同利益。通过沟通，高校一方面详尽地了解辅导员的实际情况，并根据学校的现实需要，设置可行的职业生涯通道，可以防止管理的盲目性；另一方面，了解辅导员在职业发展中的心理变化、新的需要与目标及未来的打算，才能提高辅导员职业生涯发展的科学性、针对性和有效性。这样，避免了辅导员和高校的“误解”和“对抗”，双方都能结合其发展的需要和外部环境的变化进行适时、合理的调整，使高校的学生工作朝着更加和谐的方向发展。

（五）系统原则

系统性原则是指将职业生涯发展的整个历程做全程考虑，同时将职业生涯计划实施当成一个系统的工程，并纳入组织的发展战略。一方面，学校党委组织部、学生工作部（处）、人事处、校团委、院（系）党总支（分党委）等部门要和高校辅导员保持经常的沟通，共同参与、共同制定、共同实施辅导员职业生涯发展计划；另一方面，辅导员职业生涯管理要贯穿组织的整个工作过程，贯穿辅导员的整个人生。

（六）全面评价与反馈原则

全面评价与反馈原则是指高校对高校辅导员职业生涯的发展进行全过程、多角度评价，让辅导员明确自己的职业发展，通过高校对辅导员的职业化提供支持和帮助，从而使辅导员职业生涯发展成为可行的、有效的创新机制，并将评价结果反馈给辅导员，以促成其改正缺点，更好地实现职业发展目标。

二、高校辅导员发展的对策

（一）朝“专”“转”“升”三个方向发展

高校辅导员职业生涯进入一定的阶段后就会面临着分化，辅导员职业生涯的发展路径朝“专”“转”“升”三个方面发展，“专”即走专家化道路，“转”即转岗到其他职位，“升”即晋升到领导岗位。

第一，“专”，即高校辅导员专业化道路上的职业生涯发展。辅导员在“专”方面的发展包括职业化、专业化、专家化、终身制。《关于进一步加强和改进大学生思想政治教育的意见》出台后，党和国家高度重视辅导员队伍的建设，从切实维护高校稳定的需要出发，深刻认识到加强学生思想政治教育工作的重要性和紧迫性，积极推进辅导员职业化建设，努力建设一支具有马克思主义理论素养，政治坚定、专兼结合、结构合理、稳定持续发展的高素质队伍，从而解决当前高校思想政治教育工作弱化的现状。而职业化意味着辅导员作为一种职业可以长期地做下去，甚至终身从事该项工作也成为可能。在辅导员工作职业化后，辅导员还需要从职业化向专业化、专家化发展，成为学生思想政治教育、学生事务管理、心理咨询及就业指导等方面的专家。辅导员从非专业发展到职业化、专业化、专家化，包括专业调整、知识结构调整、个人兴趣爱好调整等。同时，辅导员专业化发展方向有很多途径，包括思想政治教育、就业指导、心理咨询、学生党团建设、校园文化等方面。

第二，“转”，即高校辅导员后期的发展可以根据自身所具有的能力素质和个性实现转岗转行。辅导员转岗转行主要有以下方向：一是转为国家公务员或学校行政干部。行政机关及企事业单位的领导干部中有过高校学生辅导员经历的很多，甚至包括国家领导人在内也有不少担任过辅导员。在高校向国家机关或企事业单位输送的干部中，相当多的同志在高校期间都曾经从事过学生工作，并且有很多同志在新的工作岗位上也成为骨干。校内转岗可到学校机关单位任行政人员。辅导员从事学生事务管理工作的性质本身具有高校行政工作的内容，高校可以根据辅导员自身的特点和兴趣爱好，对有一定年限和丰富经历的辅导员分流到高校行政管理岗位工作。二是转教学、科研之路。高校辅导员本身的身份就是高校教师与行政管理干部的统一体，具有高校教师身份，加上工作地点在高校，高校能提供良好的职业转换平台和教师培训体系。辅导员中具有比较牢固的专业知识背景、较强的语言表达能力的有机会转向从事教学、科研。辅导员可以适当给学生开设相关课程并参与学术研究，不断完善补充专业知识，开拓研究新领域、学习先进的教学方法、提高教学质量，踏踏实实从事科研教学工作，使辅导员实现向教学科研转岗。

第三，“升”，即晋升到高一级的领导岗位。按照我国高校现行的学生管理体系，高校辅导员传统路径晋升是院（系）主管学生工作的党委副书记。另外，还有部分辅导员升至学校主管学生工作的职能部门领导，学校机关部处领导等。虽然同样是从事学生工作，但晋升后所从事党委副书记的工作与辅导员工作不同，主要体现在管辖范围不同，辅导员工作直接面对学生及学生团体，而党委副书记的工作重心在宏观层面上，负责整个学校学生工作的各个方面，其直接对象是辅导员而不一定是学生。在新的岗位上，很多辅导员能凭借着较高的综合素质和较强的工作能力扎实工作，做出很多成绩，得到社会的广泛认可。

（二）高校辅导员应做好职业生涯规划

高校辅导员职业生涯规划作为辅导员专业化发展的一个重要方面，有其内在规定性。充分认识其内涵成为开展辅导员职业生涯规划的前提。高校辅导员职业生涯规划是指将个人发展与组织发展相结合，对决定职业生涯的主客观因素进行测定、分析和总结，确定事业发展目标，选择实现这一事业目标的职业，制订相应的工作、教育和培训的行动计划，并结合一定的时序和方向安排，采取必要的措施实施职业生涯目标的过程。

1.高校辅导员职业生涯规划的方法

职业生涯发展规划的方法有很多，常用的有“五W法”“SWOT法”“PPDF法”“职涯愿景模型法”等。高校辅导员在进行职业生涯发展规划时，可以从自身特点和条件出发，借鉴这些方法来进行。

（1）“五W”法。

高校辅导员职业生涯管理中自我规划可用“五W”的归零思考模式，这个方法共有五个问题：一问“Who are you？”这个问题要求辅导员对自己进行一次深刻的反思，对自我有一个全面、客观、清醒的认识，对自身所处的环境也要进行充分的评价；二问“What do you want？”这个问题要求辅导员仔细考虑自己需要什么样的职业生涯，通过对这个问题的思考，辅导员要尽量达到锁定自己职业生涯目标的目的，明确个人在一定时期内的工作任务和工作方向；三问“What can you do？”这个问题要求辅导员对自己能力和潜力进行全面总结，辅导员一定要清楚自己具备哪些能力，能够在哪些领域发挥自己的才干等，只有择己所长，才能充分发挥最大能力，使学生受益、学校受益，从而个人也获得最大的成就感、满足感，形成双向良性循环；四问“What can support you？”这个问题要求辅导员除了了解自身能力外，通过对主客观因素的深入调查，要对周围供自身发展所需要的环境资源做出可行性分析，把国家的政策方针、学校的规定和个人的发展有机地结合起来，共同形成对个人发展有利的局面；五问“What can you be in the end？”这个问题要求辅导员确立自己最终的职业目标，辅导员在权衡多重因素、多个发展方向及个人的能力基础上做出职业生涯发展长远的目标，这个目标不仅为辅导员职业生涯发展指明了前进的方向，也是辅导员职业生涯发展的动力。辅导员能够全面仔细地回答这五个问题，并找到它们的最佳契合点，就可以完成一次成功的职业生涯规划。

（2）SWOT 分析法。

SWOT 法最早是由美国旧金山大学的管理学教授在 20 世纪 80 年代初提出来的。其中，S 代表优势（Strength），W 代表弱势（Weakness），O 代表机会（Opportunity），T 代表威胁（Threat）。优势和弱势是内部因素，机会和威胁是外部因素。SWOT 法就是用系统的思想把这些似乎独立的因素相互匹配起来进行综合分析，这样有利于人们对个人或组织所处情景进行全面、系统、准确的研究，有助于人们制定发展战略和计划，以及与之相应的发展机会和策略。辅导员可以通过 SWOT 来分析检查自己的技能、能力、职业喜好和职业机会，发现自己的优点和弱点，进而评估出自己在职业道路上的机会和威胁所在。辅导员做个人 SWOT 分析需要认真投入和对待，进行一次详尽的 SWOT 分析，将会为以后的辅导员职业生涯发展提供一个连贯的、实际可行的职业策略。

（3）PPDF 法。

PPDF（Personal Performance Development File）法即个人表现发展档案。PPDF 的内容主要包括个人情况、现在行为、未来发展。辅导员进行职业生涯规划时，也可以采取这种方法，为自己的职业发展设计一个 PPDF，之后交给工作经验丰富的辅导员或者自己的领导，请他们提出意见和建议，并请他们监督个人的执行情况。同时，在执行过程中，资深辅导员和领导可以适时建议调整个人的目标，以便更好地实现个人的规划。

（4）“职涯愿景”模型法。

“职涯愿景”是每一个人经过职业的发展实现职业目标的梦想，对应于个人的职涯愿景，每个人都有长处和不足，其长处和不足都是在同外界环境的相互作用中确定的。职涯愿景模型法要求辅导员在确立个人职业生涯发展规划之前，一定要对个人的愿景进行规划，明确个人愿景是什么，在实现个人愿景的过程中认清个人的优势、专长及兴趣爱好等。辅导员只有尽可能地发挥长处、善用长处、弥补不足，使得个人在机会的把握、兴趣的导航、技能的增长、性向的管理上接近并重合于职涯愿景时，职业目标才能得以实现。并且，辅导员还需要通过想象实现愿景后的情景、形容个人愿景、检验并弄清楚愿景的程序和步骤建立个人愿景，最大可能地发挥愿景对个人职业生涯发展的推动作用。

2. 高校辅导员职业生涯规划的步骤

为了更科学、更合理地规划个人的职业生涯发展，辅导员应按照一定的步骤进行个人职业生涯发展规划。总体上看，辅导员规划个人职业生涯发展主要经历以下几个步骤。

（1）自我评估。

自我评估是个人职业生涯规划的基础，也是能否获得可行性方案的前提。职业生涯规划的制定是从辅导员对自己的能力、兴趣、职业生涯需要及其目标的评估开始的。一个有效的职业生涯规划设计必须是在充分且正确认识自身条件的基础上进行的。自我评价的核心是入职适应问题，因而自我评估的重点是分析自己的条件，特别是个人的性格、兴趣、特长、需求、个人技能、职业心态和职业信念等，充分考虑其与职业的匹配。

（2）环境分析。

高校辅导员的职业生涯环境主要由社会环境、学校环境、业缘环境三部分构成。职业环境分析的基本思路是分析环境的特点、发展变化情况，把握环境因素的优势与限制，即对环境进行机会—威胁的对比分析。机会是指环境中对辅导员工作的开展、辅导员个人成长有利的方面；而威胁指外部环境中对辅导员及其工作不利或存在障碍的因素。在进行环境分析时，辅导员应在事先进行广泛的调查研究和深入的思考，了解辅导员工作在学校及社会大环境中的地位、形势和发展趋势，然后进行相关因素的评分，填写机会—威胁程度分析表，同时对环境维持或改善的可能性进行预测和评级，对改善的可能路径进行分析、设计。

（3）确定目标。

目标是行动的导航器和指南针。职业生涯目标是指人们希望达到的与职业生涯相关的结果，是未来人生的发展方向。有效的职业目标能激发潜能，坚定信心，对人的一生产生重大的影响。因此，个人要确定一个既满足社会需要又适合自己的职业生涯目标。目标的确定是在自我分析的基础上，以高校辅导员作为职业，设立自己以后的职业生涯目标。职业生涯目标按照性质分解为外职业生涯目标和内职业生涯目标。高校辅导员的外职业生涯目标是侧重于职业生涯过程的外在表现，主要包括工作内容目标、行政职务目标、学术职称目标等。高校辅导员内职业生涯目标侧重于职业生涯过程中自身素质提升及相应的内在体验，主要包括能力的提升、知识的丰富、经验的积累、心理的成熟等。按照时间分解为短期职业目标、中期职业目标和长期职业目标，短期目标一般为1~2年的目标，中期目标一般为3~5年的目标，长期目标一般为5年以上的目标。职业目标主要从两个方面加以设定：一是从宏观上党和国家对辅导员工作所提出的要求出发，努力成为学生的人生导师和健康成长的知心朋友；二是从自己个体发展的微观角度出发，结合自己的客观实际所设定的职务、职称及内心体验等方面的职业目标。

（4）选择路径。

高校辅导员未来职业发展路径是更为具体、明确的个人发展指向。辅导员未来职业发展路径主要分为走专业教师发展路径、走学生工作专家化发展路径、走行政发展路径等。这些职业发展路径是辅导员个人职业发展的主要路径选择。从事专业教师发展路径是高校辅导员实现个人职业转型的重要途径。随着《关于进一步加强和改进大学生思想政治教育的意见》等系列文件的出台，为高校辅导员选择学生工作专家化发展路径提供了制度保障，越来越多的高校辅导员选择这一路径为自己的职业定位。走行政发展路径是辅导员职业发展的主要选择之一。行政发展路径主要包括两部分：一是政府机构公务员，二是高校党政干部。部分高校为鼓励更多的人从事辅导员工作，规定学校党政机关干部必须从辅导员中进行选拔，于是，在高校行政机关从事行政工作已成为辅导员职业发展的一种主要选择。

（5）实施策略。

实施策略就是要制定实现职业生涯目标的行动方案。目标确定以后，如果不采取行动，目标将无法实现，因此，要实现职业生涯目标，就必须制定包括职业生涯发展路线、教育培训安排、时间计划等措施在内的行动方案，增强自我规划的自觉性和积极性，使长远目标与高校辅导员的日常工作有机衔接，增强规划的可行性。对于高校辅导员而言，职业生涯目标实现的主要策略有四个方面：一是培养综合素质，提高自身的竞争力；二是提高工作能力，获取更多的职业资本；三是分阶段实现自己的职业生涯规划；四是积极主动地参与自己的职业生涯管理。

（6）评估调整。

职业的选择及其目标的确定并不意味着辅导员对自身职业生涯管理的终结。任何人的职业生涯管理都不是一蹴而就的，它是一个不断评价与调整的过程。要使规划行之有效，就必须根据实际情况的变化不断地对规划实施的各个环节进行反馈，及时发现问题并解决问题。高校辅导员要经常对自己的职业生涯进行评估，并进行相应的修正与调整。反馈评估的目的是衡量高校辅导员发展的实际结果与预期目标之间的差距，及时诊断职业生涯规划各个环节出现的问题，找出相应的对策，对规划进行调整与完善。评估一般是让辅导员接受日常所接触的各部门主管领导、学生、同事等的评估，通过评估来反馈辅导员职业生涯规划体系是否可行，从而使其不断完善。

总之，建立健全高校辅导员职业生涯规划体系，对高校辅导员而言，有利于辅导员基于自己的专业背景更深入地了解自己的职业理想，了解自己所处的环境，从而更出色地完成本职工作；对高校而言，有利于充分调动辅导员的工作积极性，解决高校辅导员工作秩序性、连续性不强的问题，促使其个体得到全面发展。

（三）完善辅导员职业行业规范体系

高校辅导员作为一种社会职业，意味着一种职业行业的生存方式，意味着一种工作状态的标准化、规范化和制度化。如同律师、医师、经济师、工程师等高度专业化的职业一样，高校辅导员并不是任何学校、任何专业的毕业生都能够胜任的，它是一个多门专业知识和技能综合又自成专业体系的社会职业，有其职业的特殊性和不可替代性。

纵观我国高校辅导员队伍建设的发展历程，不难看出，辅导员职业的

行业规范应运而生，职业道德、职业素养和职业操守是辅导员职业行业规范体系的基本要素。随着时代的发展，我国高校辅导员职业的行业规范也有着不同的基本内涵与要求。在推进高校辅导员职业化建设的进程中，我们需要关注辅导员职业的行业规范，不断完善行业规范体系，不断充实新的内涵与要求。

首先，职业道德是辅导员职业行业规范的核心。相比其他职业道德，辅导员肩负引导受教育者健康成长的重大使命，对学生负责、对学校发展负责、对事业负责，更多的是一种责任、一种使命，其道德水平、道德行为的影响力更广、更远、更深，因而要求更高。概括起来，它强调忠诚党的教育事业，为人师表，爱岗敬业，用先进的思想武装青年学生，用高尚的道德情操感染青年学生，主张诚实守信、乐于奉献、公正公平、团结协作、艰苦奋斗、追求卓越等基本道德要求。

其次，职业素养是辅导员职业行业规范的基础。它包括职业技能、职业意识、职业心态等内容。其中，职业技能要求拥有学历认证、资格认证等职业资质，拥有职业的实际工作能力；职业意识表现为辅导员正确的职业认知、积极的职业情感和优良的职业品质；而辅导员职业的责任感和使命感更要求辅导员必须保持积极进取、摒弃消极倦怠的职业心态。

最后，职业操守是辅导员职业行业规范的标尺。它是职业思想、职业语言和职业行为的规范化和程式化，是辅导员自觉自律的自我外在体现，是在实际工作中凝结而成的个人志趣、个性特征和处世风格的体现。职业辅导员应能以行为规范来严格要求自己，使自身的思想、语言和行动充分符合辅导员这一职业身份。这种符合辅导员身份的思想、语言、动作来自学生工作中长期的、无意识的熏染和磨炼，来自专业化过程中有意识的思考和总结，是辅导员职业化的重要特点和外在表现。

（四）创新职称序列，构建职称晋升体系

高校辅导员的专业技术职务关系到辅导员的社会地位、职业归属和职业成就。评聘体系如何建立？可以说，解决好辅导员的专业技术职务评聘，已经成为当前辅导员职业化建设中的一个不可回避的现实问题。辅导员的职业评聘必须有一个独立的标准、独立的系列、独立的指标，制定一套与辅导员工作特点、规律相适应的职称评定体系。

可以考虑率先设立高校思想政治教育研究序列，并选择部分高校试行。

应该说，将辅导员纳入研究员专业技术职务序列，单独设立学生思想政治教育研究方向，符合高校思想政治教育工作实际。虽然辅导员工作在传统意义上属于实践性工作，但实践—研究型辅导员是职业化的趋势和方向，与辅导员未来的职业发展相吻合，在职业角色和心理上均容易被辅导员接受和认同，能够满足辅导员的职业归属和成就感，激发他们进行科研创新探究学生工作规律的热情，真正为高校造就一批业务精、实践强的专家型辅导员人才。

在具体做法上，我们可以考虑对专职辅导员实行全员评聘，按照研究系列职务的晋升办法，设助理研究员、副研究员、研究员等技术岗位，严格根据学历、工作年限、学术科研成果等条件进行考核晋级。

（五）理顺关系，努力实现职业化建设的和谐发展

高校辅导员职业化发展是与时俱进、培养合格人才的需要，是高校深化改革、适应新形势的需要，是加强和改进大学生思想政治教育工作的有效途径，也是辅导员队伍自身建设所要着力解决的重要问题。为了贯彻执行政策不走样，使辅导员职业化建设更趋科学，具体工作进展更加顺利，除了转变观念、人才培养、完善制度、科学管理等方面的建设外，还需处理好这几对关系。

1.高校辅导员职业化建设与构建和谐社会的关系

构建社会主义和谐社会是我们在新的历史时期的伟大目标。高等院校作为社会的重要组成部分，在构建社会主义和谐社会中肩负重任，和谐校园建设势在必行。高校辅导员作为高校干部队伍的重要成员，在和谐校园建设中责任重大且作用特殊。辅导员队伍职业化建设需要以和谐社会理论为指导，为构建和谐校园服务。

首先，和谐是客观事物的基本属性，也是高校辅导员职业化建设阶段性变化发展的过程。和谐是一个整体范畴，是一个过程、一个阶段，是矛盾运动、发展变化的过程与阶段，和谐的程度和水平不断由低级向高级发展变化。高校既肩负着和谐校园建设的责任，更承载着为和谐社会提供和谐理论、和谐人才、和谐智力、和谐示范的重任，所以和谐校园建设更具有特殊重要的意义。辅导员职业化建设是一个和谐建设的过程，涉及相关各方面的统筹规划，协调建设过程中各方矛盾，和谐发展。

其次，和谐是社会文明的具体体现，也是高校辅导员职业化建设规律性

实践探索的积淀。每一个时代的社会生产都是前一代劳动人民实践活动的结果，又是当代劳动人民实践活动的起点，推动着社会文明的发展与进步。只有不断促进社会和谐，广泛调动各方面的积极性，使全体人民平等友爱、融洽相处，人与自然处于和谐状态。提出和推进和谐社会建设，充分反映了我们党对执政规律、执政方略的新认识，进一步升华了我们党的执政理念。离开了和谐社会，文明就只能是一句空话；同样，离开了和谐，高校辅导员队伍职业化建设也将得不到正常发展。

最后，和谐是人类社会的理想追求，也是高校辅导员职业化建设目标性价值导向的升华。和谐，是人类孜孜以求的一个理想的社会状态。社会制度不同，和谐的内涵也有所差别。但就人类本身而言，人们总是在不断地追求真善美的且符合规律的和谐事物。现阶段，高校辅导员队伍总体存在队伍不稳、人心思变等不和谐的因素，进行职业化建设是改变这种现状的必要条件。和谐不能取消事物的矛盾斗争和事物之间的差异性，它所体现的是事物对立的统一、差异中的一致，这也是高校辅导员职业化建设所要追求的目标性价值导向。

2.高校辅导员职业化建设与高等教育改革发展的关系

随着我国高等教育事业的蓬勃发展，人才培养模式更加灵活多样，可以说高等教育实现了历史性跨越。应对高等教育改革与事业发展新形势，高校辅导员职业化建设面临许多新问题、新要求、新任务。

首先，高等教育改革与事业发展给辅导员职业化建设带来了许多新的问题。21世纪初，我国高等教育开始由精英教育向大众化教育改革发展，高校在规模、结构和体制等方面都发生了巨大变化。人们越来越追求优质的高等教育资源，这种优质不仅包含教学、师资、设备的优质，更涵盖了学生教育、管理与服务的优质。与此同时，学生数量的剧增与简政缩编形成了鲜明的矛盾冲突，师资力量短缺。就辅导员而言，其工作压力明显加大。

其次，高等教育改革与事业发展给辅导员职业化建设提出了许多新的要求。随着高等教育后勤社会化、公寓化管理、学分制实行、困难学生资助政策实施、毕业生就业难等新问题，大学生的成长成才需求给辅导员提出了更高的要求。如今，高等教育正从规模数量扩张转向教育教学质量的提升和内涵发展，而培养高质量、高层次全面发展人才的先决条件就是思想道德水平的提高，作为学生思想政治教育者，辅导员责无旁贷、任重道远。

最后，高等教育改革与事业发展给辅导员职业化建设明确了许多新的任务。“现在的大学生压力越来越大，需要应对的人生课题越来越多，在学业、心理、生活、就业等方面的服务需求越来越多样和独特，传统意义上的辅导员已经难以指导学生所有的问题，非常需要构建教育、管理服务相统一的专业指导和服务体系，让辅导员工作走向专业化。”当前大学生思想政治教育工作已远不是简单增加工作力量的问题，需要更新方法、转变观念、规范定位、提高水平、增强科学性，更需要从前瞻性、发展性和创造性的角度推进辅导员队伍的职业化、专家化建设，建立一支政治强、业务精、层次高且直接为学生服务的高校辅导员队伍。

3.高校辅导员职业化建设与人才培养的关系

学校教育，育人为本，德智体美，德育为先。人才培养是高等教育的根本任务，高校担负着培养与造就社会主义合格建设者和可靠接班人的历史使命。在国际竞争日益激烈的新形势下，大学生的思想政治素质、科学文化素质、身心健康素质关系到个人发展，更关系到党和国家的前途与命运。

首先，职业化建设是人才培养应对国内外严峻形势的迫切要求。胡锦涛同志曾指出，意识形态领域历来是敌对势力同我们激烈争夺的重要阵地。在当前国际国内条件下，敌对势力同我们争夺下一代的斗争依然十分尖锐复杂。他们通过各种途径和手段向我国大学生传播西方资产阶级的政治观点、价值观念、生活方式，企图用潜移默化的方式使年轻一代全盘接受西方的价值观和政治制度，最终达到他们推翻中国共产党领导和我国社会主义制度的政治目的。在这种情况下，我们绝不能丧失警觉，我们必须在大力提高大学生科学文化素质和健康素质的同时，下功夫提高大学生思想政治素质，引导大学生树立正确的理想信念，增强政治鉴别力，有效防范和抵御敌对势力的思想渗透。要实现这一目标，就必须有一支专业化、职业化的辅导员队伍，掌握学生的思想实际，研究学生的规律，教育引导大学生自觉抵御非主流思想，谨防腐朽没落的生活方式带来的不良影响，切实提高大学生思想政治教育的实效性。

其次，职业化建设是人才培养适应受教育者新特点的现实需要。随着对外开放的不断扩大，市场经济深入发展，我国经济成分、组织形式、就业方式、利益关系和分配方式日益多样化，人们思想活动的独立性、选择性、多变性和差异性日益增强。这有利于大学生树立自强意识、创新意识、成才意识、创业意识，但也带来一些不容忽视的负面影响。处于世界观、人生观、价值观形成、发展和成熟时期的大学生，往往难以分辨是非，难以抵御外来消极因素的侵袭。部分大学生不同程度地存在政治信仰迷茫、理想信念模糊、价值取向扭曲、诚信意识淡薄、社会责任感缺乏、艰苦奋斗精神淡化、团结协作观念较差、心理素质欠佳等问题。为了适应这些新特点、新变化，高校需要不断研究新情况、解决新问题，加快推进辅导员职业化建设，引导和帮助辅导员树立终身学习和创新的理念，为受教育者提供人生指导和帮助，引导受教育者全面发展。

最后，职业化建设是把握人才培养战略发展大局的必然趋势。人才培养对全面实施科教兴国战略、全面建设小康社会具有重大而深远的战略意义。然而，当前大学生由于自身阅历有限，面对学业生活、情感和就业中的各种问题，产生了诸多困惑和心理负担，在一定程度上影响着人才培养质量。鉴于辅导员的工作性质和工作内容，他们理当肩负起大学生的世界观、人生观和价值观教育，以及道德教育、法制教育、诚信教育、心理教育和职业规划等重任。诚然，这些专业性很强的教育内容并非依靠经验和热情就能完成，必须经过专门、系统培养培训的辅导员才能科学地分析和解决新形势下出现的一系列新问题。因此，在新形势下，加强高校辅导员队伍职业化建设事关人才培养大局。

参考文献

[1] 唐斯 . 民主的经济理论 [M]. 上海 : 上海人民出版社 ,2005.

[2] 安迎涛 . 高校辅导员队伍职业化专业化建设的长效机制研究 [D]. 沈阳 : 沈阳工业大学 ,2016.

[3] 柏路 . 高校辅导员科研能力的形成机理 [D]. 长春 : 东北师范大学 ,2011.

[4] 柏路 . 关于提升辅导员科研能力的思考 [J]. 思想教育研究 ,2012(10):78–81.

[5] 陈大勇 . 切实加强高校意识形态工作的几点思考 [J]. 思想理论教育导刊 ,2015(5):126–129.

[6] 陈光 . 高校突发事件应对策略 [M]. 北京 : 光明日报出版社 ,2001.

[7] 陈光 . 高校突发事件应对策略论 [M]. 北京 : 光明日报出版社 ,2011.

[8] 邓双喜 . 高校辅导员队伍稳定性缺失研究 [J]. 当代教育论坛 ,2009 (3):118–120.

[9] 范中杰 . 论教育目标的多元化 [J]. 教育评论 ,1998(5): 4–5.

[10] 付亚和 . 绩效考核与绩效管理 [M]. 北京 : 电子工业出版社 ,2003.

[11] 葛党固 . 新时代高校辅导员意识形态工作能力研究 [D]. 西安 : 西安外国语大学 ,2018.

[12] 国家中长期教育改革和发展规划纲要工作小组办公室 . 国家中长期教育改革和发展规划纲要 (2010—2020 年)[EB/OL].(2010–07–29)[2022–01–23].http://www.moe.gov.cn/srcsite/A01/s7048/201007/t201007/t20100729_171904.html.

[13] 韩秀引 . 影响辅导员科研能力的四类因素分析 [J]. 高校辅导员 ,2012(3):23–26,52.

[14] 何龙山 . 高学历辅导员心理契约的违背与干预 [J]. 教育与职业 ,2012(20):67–69.

[15] 黄如松 . 高校意识形态教育的现状及其对策 [J]. 江苏高教 ,2012 (4) :128–129.

[16] 凯文娟 . 高校辅导员职业化发展对策研究 [D]. 咸阳 : 西北农林科技大学 ,2012.

[17] 李荣荣 . 高校辅导员工作面临的挑战及其对策 [J]. 边疆经济与社会 ,2008(3):159.

[18] 李旭冉 . 和谐社会大学生思想政治教育方法创新研究 [D]. 武汉 : 湖北工业大学 ,2010.

[19] 李余华 , 等 . 高校突发事件应急处置机制研究 [M]. 成都 : 西南交通大学出版社 ,2007.

[20] 李智慧 , 王小风 . 高校学生工作精细化管理的可行性研究 [J]. 湖北广播电视大学学报 ,2010(9).

[21] 列宁 . 列宁专题文集 . 论辩证唯物主义和历史唯物主义 [M]. 北京 : 人民出版社 ,2009.

[22] 刘明亮 . 高校辅导员应具备的素质与提高路径 [J]. 教育探索 ,2012(8):108.

[23] 罗炎成 . 应然、实然、使然 : 高校辅导员职业化问题探讨 [J]. 西南交通大学学报 (社会科学版),2013, 14(1):109.

[24] 马克思 , 恩格斯 . 马克思恩格斯全集 : 第 3 卷 [M]. 北京 : 人民出版社 ,1960.

[25] 漆小萍 . 大学生危机事件管理 [M]. 广州 : 中山大学出版社 ,2009.

[26] 齐艳昌 . 研究生学术意识的现状及养成 [D]. 杭州 : 浙江师范大学 ,2007.

[27] 邱伟光 . 提高育人能力是辅导员队伍建设的关键 [J]. 思想理论教育 ,2005(5):9-13.

[28] 邱小禾 . 新时期高校辅导员素质及其培养 [J]. 科技信息 (学术研究),2007(21) : 233.

[29] 石蕊 . 浅论高校辅导员工作缺失 [J]. 法制博览 ,2016(28):236.

[30] 时蓉华 . 社会心理学 [M]. 上海 : 上海人民出版社 ,1990.

[31] 舒晓兵 , 廖建桥 . 工作压力研究：一个分析的框架 : 国外有关工作压力的理论综述 [J]. 华中科技大学学报 (人文社会科学版), 2002(5):121-124.

[32] 王建南 . 把握高校意识形态工作复杂性和主动权 [J]. 思想教育研究 ,2014(10):53-56.

[33] 王雨 . 高校辅导员心理素质培养 [J]. 黑龙江科技信息 ,2007(3):78.

[34] 吴改霞 . 全日制硕士研究生学术精神研究 [D]. 重庆 : 西南大学，2014.

[35] 武文艳 . 论高校人才培养理念 [J]. 教研 (中旬刊),2011(1):26-27.

[36] 习近平 . 决胜全面建成小康社会夺取新时代中国特色社会主义伟大胜利 : 在中国共产党第十九次全国代表大会上的报告 [M]. 北京 : 人民出版社 ,2017.

[37] 习近平就高校党建工作作出重要指示 : 坚持立德树人思想引领加强改进高校党

建工作 [N] . 人民日报 ,2014-12-30 (001) .

[38] 习近平在全国高校思想政治工作会议上强调 : 把思想政治工作贯穿教育教学全过程开创我国高等教育事业发展新局面 [N]. 人民日报 ,2016-12-09 (00) .

[39] 杨艳兰 . 高校辅导员绩效考核评估体系研究 [D]. 南昌 : 南昌大学 ,2009.

[40] 于正伟 . 辅导员在校园危机处理中的角色定位 [J]. 高校辅导员学刊 ,2011,3(4): 99.

[41] 张明进 . 新形势下高校辅导员工作能力的缺失及提升对策 [J]. 河池学院学报 , 2015(3):112-117.

[42] 张文双 , 辛全洲 , 王全文大学生职业生涯与发展规划教程 [M]. 北京 : 中国传媒大学出版社 ,2010.

[43] 郑杭生 . 社会学概论新修 [M]. 北京 : 中国人民大学出版社 ,2003.

[44] 周凤生 . 关于优化高校辅导员心理素质的几点思考 [J]. 学术论丛 ,2009(6):110.

[45] 朱小曼 . 新时代背景下高校辅导员工作考核评价体系的优化 [J]. 湖北开放职业学院学报 ,2019,32(18):91-92,99.